# PAPIERS SECRETS

BRULÉS DANS L'INCENDIE DES TUILERIES

Bruxelles. — Imp. de Ch. et A. Vanderauwera, rue de la Sablonnière, 8.

# PAPIERS SECRETS

BRULÉS

## DANS L'INCENDIE DES TUILERIES

COMPLÉMENT

DE TOUTES LES ÉDITIONS FRANÇAISES & BELGES

DES

## PAPIERS & CORRESPONDANCE

DE LA FAMILLE IMPÉRIALE

Bruxelles

J. ROZEZ, LIBRAIRE-ÉDITEUR

87, RUE DE LA MADELEINE

1871

# EXPLICATION

Les Tuileries dont on a à déplorer l'incendie contenaient beaucoup de papiers malheureusement détruits maintenant. Il n'en a rien échappé, croyons-nous. Le hasard a voulu que, pendant les derniers jours, presque quelques heures avant la catastrophe, une personne ait pu prendre la copie de certaines pièces que nous sommes heureux d'offrir aujourd'hui à la curiosité du lecteur. Leur authenticité est absolue. Et c'est un grand bonheur que ces documents intéressants aient pu ne pas échapper à l'histoire.

# I

## Développement des visées ambitieuses de Louis-Napoléon après son échauffourée de Strasbourg.

Gottlieben, le 26 mai 1838.

Monsieur,

Je viens de recevoir une lettre écrite par un ancien général, qui m'a vivement intéressé, parce que j'ai cru y découvrir le style d'un homme distingué qui paraît très-dévoué à la cause de l'Empire. Comme j'espère que vous le connaissez, je vous fais parvenir ma réponse.

Les observations critiques que renferme votre lettre, général, ne m'ont point blessé, parce que je les attribue à un excès de zèle; néanmoins il est de mon devoir d'y répondre. Les conseils, quelque sévères qu'ils soient; les accusations, quelque injustes qu'elles vous paraissent, produisent toujours un bon effet; ils vous font réfléchir sur vos actions passées et vous font mieux apercevoir et vos défauts et vos qualités. C'est sous ce rapport que votre lettre, général, m'est précieuse, puisqu'elle m'offre l'occasion de vous montrer ce que je suis et ce que j'ai fait, choses que vous semblez ignorer. D'abord je parlerai de mon caractère, ensuite de mes actions politiques.

*La première qualité d'un homme dans votre position, dites-vous, est l'ambition?* Vous me demandez si j'ai *cette grande et puissante ambition qui absorbe toutes les autres passions, ou pour mieux dire, les fait toutes converger à son profit; cette ambition qui développe et électrise toutes les qualités de l'esprit et du cœur, pousse l'homme à son but à travers toutes les difficultés et tous les obstacles, et donne enfin à l'esprit cette activité de tous les jours, de tous les instants, qui cherche partout les moyens et les fait surgir des plus petites circonstances.*

Je vous répondrai que la première qualité d'un homme dans ma position est un jugement sain. Le propre de la folie est la disproportion entre les moyens et le but qu'on se propose. Si l'ambition était ma première qualité, je serais un fou et vous un homme politique. Je n'ai donc pas cette ambition toute personnelle qui vous électrise quelquefois, mais qui vous aveugle toujours; cette ambition dangereuse qui vous fait prendre un songe pour une réalité et qui s'appuie sur tous les moyens, quelle que soit leur moralité. Mon ambition est plus calme et plus sûre, elle naît plutôt de ma position et de mon nom que de mon caractère. Elle exécute ce que ma raison propose; elle me pousse toujours et ne m'égare jamais. Je n'ai pas assez d'ambition pour désirer un malheur public pour mon élévation personnelle : mais j'ai cette ambition qui m'a déjà fait abandonner deux fois tout ce que j'avais de cher au monde pour être utile à une grande cause et relever mon glorieux nom ; une qualité de mon caractère qui pourrait quelquefois devenir un défaut sous le rapport politique, est la sensibilité de mon cœur; je crois trop aux sentiments généreux chez mes ennemis; j'aime mieux pardonner que de me venger; je préfère l'oubli à la rancune. Cependant pour moi c'est moins dangereux que pour tout autre ; car la cause napoléonienne est une cause de conciliation et d'oubli, parce que *ses partisans*, comme vous le dites très-bien, *sont partout : ils ont servi la branche aînée et la branche cadette des Bourbons; ils sont partout, depuis la caserne du soldat jusqu'au palais du maréchal de France, depuis l'atelier de l'ouvrier jusqu'au Conseil du Roi.*

Je n'entrerai pas dans la question abstraite de savoir si (pour me servir de vos expressions), j'ai plus l'esprit *philosophique* que l'esprit *pratique*. Mais ce que je vais vous prouver par les faits, c'est que, depuis 1830, dès que j'ai trouvé l'occasion de parler, j'ai parlé : partout où j'ai trouvé l'occasion d'agir, j'ai agi.

L'éducation d'un homme qui veut jouer un rôle important en France doit commencer par les armes; avant d'être homme politique, on doit avoir une spécialité première et comme spécialité, il n'y en a qu'une pour celui qui veut commander, c'est la science militaire, c'est ce que j'avais senti dès 1829. Mais exilé, il m'était difficile de trouver une occasion d'acquérir quelque expérience militaire, ne voulant pas surtout m'enrôler dans une armée allemande permanente. Je me décidai donc à chercher en Suisse cette éducation; je me rendis à Thoune, à l'école du génie et de l'artillerie : j'étais à cet endroit en 1830, lorsque la révolution de juillet survint. Je ne connaissais alors personne en France; et cependant dès la première nouvelle, je me décidai à partir. Étant assujetti à une discipline militaire, je m'adressai au chef qui de plus était mon ami intime et un homme qui partageait toutes mes opinions. Il me dit ce que tout autre m'eût dit dans cette circonstance; il me conseilla d'attendre quelques jours pour voir comment les choses tourneraient. J'attendis deux jours et déjà l'étoile d'Orléans brillait sur l'horizon; je restai. On nous exila de nouveau et aucune voix parmi tant de généraux, de soldats de l'Empire, parmi tant de membres de l'opposition, ne s'éleva en notre faveur. *La France est perdue momentanément pour nous,* m'écriai-je avec mon frère, *mais l'Italie nous reste : elle a un joug, non moins lourd à secouer ; tâchons, dès que l'occasion se présentera, de montrer au monde que tous les Bonaparte ne sont pas morts.* L'Italie se soulève et nous nous présentons aux insurgés : sans attendre d'ordres du gouvernement provisoire, nous nous mettons à la tête des premières bandes que nous rencontrons et nous marchons sur Rome, point décisif à atteindre. Déjà nous avions planté sur le Tibre notre drapeau tricolore, frère de celui de Juillet : déjà nous voyons une brillante carrière de dangers s'offrir devant nous, lorsque le gouvernement provisoire, autant par jalousie que par crainte, nous force, en employant la ruse, à retourner à Bologne. La mort de mon frère, les défections me ramenèrent auprès de ma mère et l'âme meurtrie par une perte cruelle et par l'injustice des révoltés, nous arrivâmes à Paris. Là je demandai à servir, comme simple soldat, dans l'armée française; c'était la seule place digne de mon ambition. Le neveu de l'Empereur soldat, eût plus agi sur l'esprit des masses que s'il eût été fait maréchal de France. On me refusa et il ne me resta plus qu'à retourner en Suisse, condamné toujours à l'inactivité. Cependant mon courage ne s'abat pas de tant de revers et de tant de déceptions. Je suis encore prêt à saisir la première occasion de me distinguer ; mais l'expérience que j'ai faite en Italie a été cruelle. J'y ai pu juger que, malgré sa popularité, mon nom inspire, dans un pays étranger, défiance et jalousie; d'ailleurs les circonstances ont été malheureuses ; il faut, pour me relever, que j'aie des chances beaucoup plus assurées de succès, sinon je ne passerai que pour un aventurier. C'est alors qu'un jeune Polonais vint me trouver avec une lettre du comité polonais : et que me proposait-t-il ? D'aller à Paris incognito ; de me rendre de cette ville au Hâvre ; de monter sur un brick *armé en secret;* et de là de me rendre en Lithuanie, alors que déjà toute l'armée russe était concentrée sous les murs de Varsovie; donc vous devez comprendre que ce plan était inexécutable par mille raisons; et en effet il n'a eu aucun résultat. Outre cela, des généraux m'écrivaient de Paris de ne prêter aucune foi aux paroles du jeune Polonais : que cette proposition extravagante était connue de toute la police et que, parmi les soi-disant patriotes, il y avait des espions russes. Et c'est vous, homme politique qui me reprochez de n'avoir pas accepté une telle proposition ? Dans mon refus, il ne s'est nullement agi de ce que penserait le gouvernement français, mais j'ai dit : *je sors d'une révolution où mon nom a excité la jalousie, où l'on m'a attribué les revers, supposant que mon frère et moi avions été cause de l'intervention autrichienne; je pourrai avoir le même sort en Pologne et être pris pour prétexte d'une triple intervention.* Si cela n'était pas une raison définitive, c'était au moins une raison valable.

La Suisse, en 1832, devint donc le seul théâtre où je pouvais opérer. J'y habitais depuis plusieurs années; mais je n'y étais ni connu ni apprécié. Je pensai que ce que je pourrais faire de mieux, dans le moment actuel, était de me rendre populaire dans le pays où le sort m'avait jeté; d'en faire la modeste arène d'où je pourrais plus tard m'élancer avec plus de facilité, ou qui serait pour moi, en cas de malheur, un refuge et un abri. Pour cela, il fallait me faire estimer comme homme politique, comme homme privé. Dans ce but, je fis une brochure sur la Suisse, qui éveilla bien des sympathies en ma faveur et qui autorisa le canton à me donner le droit de bourgeoisie; je fis des dons aux écoles, toujours dans le but de m'ancrer davantage dans le pays. N'ayant pas pu faire un de ces coups d'éclat qui rendent tout d'abord une réputation européenne, je résolus de m'en faire une qui, parlant de moi comme centre, s'étendît à une circonférence bornée, mais dans un cercle qui devait de jour en jour s'agrandir davantage.

Pendant ce temps, je recevais des lettres de personnes distinguées qui, me parlant toujours des chances prochaines d'une révolution, me faisaient espérer qu'elle tournerait à l'avantage de ma famille. Mais je ne voyais, dans leurs paroles, aucune assurance ; car ils ne me parlaient que de théories vagues, sans plan, sans projet, sans indiquer de moyens *pratiques*, sans me donner aucun avis qui eût pu me servir. Aussi, la révolte de Juin eut lieu et personne ne tâcha de m'en faire profiter. *Moi seul*, à la première nouvelle, partis pour la frontière : mais arrivé à Kehl, j'appris que tout était terminé. Pour Lyon, j'eus le même malheur, faute d'amis qui voulussent bien me prévenir ou me donner le moindre renseignement : j'arrivai jusqu'à Genève ; mais, là encore, je n'appris qu'une défaite.

Toutes les occasions qui s'étaient présentées depuis 1830, je les avais donc saisies : le manque de moyens et la fatalité m'empêchèrent d'en profiter ; je résolus alors de tourner mes regards vers des hommes d'action. Et où trouver des hommes d'action qui eussent le pouvoir de me servir, si ce n'est dans l'armée ? Mais comment parler à l'armée, quand on n'a aucun antécédent militaire ? Comment oser se présenter, comme chef, à des hommes gardiens d'un art difficile, si on ne leur prouve pas qu'on connaît leur art et leurs idées ? La science et le mérite, voilà les titres de noblesse du jour ; le nom n'est qu'un drapeau, la cause, un intérêt. J'acceptai le grade de capitaine d'artillerie, parce qu'il me donnait un cachet militaire, et puis cela servait à des rapprochements qui, sans être rigoureux, ne manquaient pas de portée. Je me mis à l'œuvre avec assiduité et au bout de près de trois ans de travail, j'avais achevé un livre de science militaire qui me procura deux avantages : l'un relatif à ma position en Suisse, l'autre relatif à ma position vis-à-vis de mes compatriotes. Sous le premier point de vue, je me mettais au-dessus de mes frères d'armes, puisque je faisais un ouvrage qu'ils n'avaient point fait ; je me rendais utile au pays, qui m'accueillait si noblement ; j'augmentais donc mon influence locale. Quant aux Français, je me faisais connaître à une grande partie des officiers de l'armée comme un homme instruit, qui partageait leurs études, qui connaissait tout ce qu'ils avaient fait et qui était digne d'eux. Aussi, après la publication du *Manuel d'artillerie*, tous les journaux, militaires et autres, firent mon éloge dans les termes les plus flatteurs et plusieurs officiers se mirent en relation avec moi. Votre comparaison, avec le talent de serrurier de Louis XVI, est donc entièrement fausse. Le nom de Napoléon, mis au bas d'un dessin d'affût, faisait autant d'effet qu'au bas d'une proclamation. Car *Bonaparte*, mêlé à l'artillerie, rappelle Toulon ; c'est ce que plusieurs feuilles périodiques remarquèrent.

J'arrive enfin à l'affaire de Strasbourg, qui fut amenée, non par une boutade improvisée, mais par un plan de conduite suivi avec persévérance pendant six ans. Je passe sur les détails de l'affaire : vous convenez vous-même que ce coup audacieux a réveillé les sympathies, qu'il a fait du bien à ma cause ! Je suis du même avis que vous. Mais ne suis-je pas aussi en droit de vous demander, à vous, général, qui vous présentez comme le chef d'un parti napoléonien *occulte*, pourquoi ni vous, ni les vôtres n'avez rien fait pour m'aider avant l'événement, pour me défendre après?

Mais arrivons à l'accusation la plus grave. Comment ! vous prétendez que j'ai prêté la main à mon enlèvement et que j'ai accepté la grâce de Louis-Philippe? Voilà les faits : j'ai protesté, autant que je l'ai pu, envers toutes les personnes que j'ai vues, contre ma séparation d'avec mes coaccusés, et c'est surtout à M. Delessert que j'ai manifesté le plus énergiquement ma douleur ; car cela en a été une réelle pour moi. De chez M. Delessert, j'ai écrit à ma mère une lettre confidentielle, dont les premiers mots étaient : « *Ma mère, vous avez pensé à ma vie, mais non à mon honneur qui me commandait de rester avec ceux que j'avais compromis.* » Mais, une fois mon sort décidé, je devais, comme homme, faire tout ce qui dépendait de moi pour sauver mes amis : c'est dans ce but que j'ai écrit au roi; c'est dans ce but que j'ai écrit à M. O. Barrot. Je lui ai dit, à ce dernier, afin que cela pût influer sur le verdict du jury : *le gouvernement a été généreux pour moi : le jury restera-t-il en arrière de la marche du gouvernement?*

Certes, je vous avouerai que je préférerais maintenant de ne pas avoir écrit ces deux lettres, parce qu'elles ont été inutiles et que les faits qui ont suivi m'ont fait mieux apprécier la conduite du gouvernement. Mais si je me retrouvais dans les mêmes circonstances, j'agirais probablement de même; il est bien facile de juger, lorsqu'on donnait les résultats, de ce qu'on aurait dû faire avant : il faut toujours se mettre à la place des gens que l'on condamne. Quel est le caporal qui, le 19 juin, n'eût pas su, aussi bien que l'empereur Napoléon, ce qu'il eût fallu faire pour gagner la bataille de Waterloo?

Libre de mes actions, malgré mes revers, je retourne en Suisse, et dans quelle position? Sans soutien et sans protection, il faut cependant que je m'y maintienne : c'est l'endroit où mes ennemis désirent le moins me voir, c'est donc celui où il m'est plus convenable de rester : il se trouve que je récolte ce que j'ai semé par le passé, et la diplomatie recule devant l'énergie du peuple suisse. Mon séjour en Suisse est donc un démenti aux faux bruits qu'on avait répandus sur des engagements pris par moi : les persécutions du gouvernement français font voir combien sa générosité avait été forcée : c'est enfin prouver ostensiblement que je jouis de l'estime d'un pays libre. Mon avantage réel, clair, précis, était donc de m'y maintenir. Or, c'est dans ces circonstances que, tout à coup, et sans autre avis préalable, on m'écrit : *Partez sur-le-champ : allez en Angleterre, et vous verrez là le rôle qui vous attend en Espagne : dans quinze jours, il ne sera plus temps, tout sera ébruité.* Quel est l'homme raisonnable qui, sur une lettre semblable, quitterait tous les avantages d'une position politique avantageuse sans avoir d'autre garantie? Et d'ailleurs, je le répète, je puis dans mon pays courir des chances hasardeuses. Je suis, pour ainsi dire, dans mon droit ; Français, je m'occupe des intérêts de la France : j'ai mon opinion et je la maintiens ; mes antécédents, mes amis, tout m'y attire naturellement ; si je succombe, je succombe pour mon drapeau, pour mes pénates, pour ma cause ; la postérité me comprend et m'absout : mais pour une cause étrangère, dans un pays dont les querelles ne me regardent pas, je ne puis y aller qu'avec toutes les certitudes possibles de succès : je ne puis y aller qu'avec la plus mûre connaissance de ceux qui m'y appellent et des événements qui m'y attendent. Or, sans cela, je manque ma mission qui m'est plus précieuse que la vie.

J'arrive au dernier grief qu'on m'a imputé : on m'a nommé membre du grand Conseil de Thurgovie et j'ai refusé : oui, j'ai refusé, et je m'en applaudis. Cette nomination m'a fait grand plaisir ; c'est une démonstration énergique contre les réclamations du gouvernement français. Mais je ne pouvais accepter sans manquer à ma position.

J'ai reçu le droit de bourgeoisie comme une marque d'estime, non comme une naturalisation, plutôt comme un privilége que comme une obligation. J'ai accepté un grade militaire ; c'était, comme je vous l'ai dit, pour donner une teinte tant soit peu *troupière* à ma jeunesse décolorée, c'était pour dire à l'armée française : *Et moi aussi je connais le métier*. D'ailleurs, tirer le canon est de tous les pays ; mais accepter d'être le représentant de deux mille citoyens suisses, parler en leur nom de leurs intérêts, c'était me rendre tout à fait étranger à la France. Ensuite, ou je m'identifierais à leurs idées, et je ne sortais jamais d'une sphère étroite et mesquine ; ou si je voulais m'élever au delà, je n'étais plus compris de mes commettants. Quant à la Diète, il m'était très-difficile d'y arriver, si ce n'est après un apprentissage de trois ou quatre ans : et là encore, croyez-vous que j'aurais dû faire des discours à double entente qui eussent eu du retentissement en France? Non. Les membres de la Diète reçoivent, des grands Conseils qui les nomment, des instructions très-précises desquelles ils sont tenus de ne point s'écarter ; il eût donc été beau de me voir, moi, prince français, représentant à la Diète une cause suisse, forcé de parler et de voter contre mes opinions et mes intérêts. Il y avait en outre un autre désavantage : c'est que j'aurais été appelé tous les jours à m'expliquer sur des sujets qui changent entièrement suivant le pays où on les applique : je puis très-bien être démocrate pour la France et, sur quelques sujets, être aristocrate pour la Suisse; je puis trouver une institution bonne pour la Suisse et très-mauvaise pour la France. Or, mes paroles étaient répétées ; jugez dans quelle position embarrassante je me trouvais. Si, dans mon refus, j'ai allégué des raisons banales, c'est que je ne pouvais pas tout dire.

Maintenant, général, vous croyez m'avoir dit des choses toutes nouvelles pour moi, des choses que personne n'eût osé me dire. Détrompez-vous : je suis entouré d'amis véritables, et non de flatteurs ; ils me disent la vérité, car ils savent que je sais l'entendre et que je me range tout de suite de l'avis qui me semble meilleur que le mien ; mais je vous dirai aussi que votre lettre a été lue par tous et qu'aucun ne trouve vos reproches fondés. Je serais très-flatté, général, que le comité dont vous me parlez puisse se former et qu'il veuille bien m'éclairer de ses avis et de ses conseils, j'y gagnerais beaucoup, sans contredit. Mais faire d'avance abstraction de mon jugement et de ma volonté, c'est à quoi je ne puis souscrire ; car je n'agirai jamais, quels qu'en puissent être les résultats pour moi, que d'après mes principes, ma conscience et ma raison.

Vous me connaissez bien peu, général, puisque vous croyez que je pourrai redouter que le parti dont vous êtes, dites-vous, l'organe dans cette circonstance, puisse s'adresser à un autre membre de ma famille. Mon but n'est pas une élévation personnelle, c'est la résurrection d'une grande cause : si donc vous trouvez quelqu'un plus digne que moi, qu'il se montre, et je le servirai de tous mes moyens et de tout mon cœur.

Maintenant, il me reste une demande à vous faire : dites au parti dont vous êtes l'organe, que s'il élève de si hautes prétentions sur moi, je suis au moins en droit de lui demander qu'il se révèle à moi autrement que par une lettre anonyme; qu'il me prouve qu'il est organisé, qu'il vit, qu'il agit, sans cela je ne pourrai ajouter foi ni à ses conseils, ni à ses idées. En résumé, général, je vous remercie de votre lettre, parce qu'elle m'a fait revenir sur les dernières phases de ma vie, et qu'en repassant ainsi tous les faits d'une existence orageuse où je n'avais devant moi ni guide pour me conduire, ni route tracée à suivre, je puis dire avec confiance : *Je n'ai rien à me reprocher; j'ai suivi, dans toutes les circonstances difficiles, l'impulsion de mon cœur et rempli les devoirs que mon grand nom m'imposait.*

## II

**Lettre du comte Léon au roi Joseph.**

(Elle portait cette indication : A détruire. 18 janvier 1867.)

Monsieur le Comte,

Si jusqu'à ce jour j'ai tardé à vous témoigner ma reconnaissance de la réception si bienveillante que vous avez daigné me faire, c'est que j'ai été obligé d'aller en Allemagne avec ma mère, pour mon intérêt de fortune. A peine de retour en France pour reprendre mes fonctions de chef de bataillon de la garde nationale de Saint-Denis, j'ai dû à moi-même et au sang qui coule dans mes veines, de prouver au pouvoir, qu'il avait bien pu par la force me suspendre, mais non m'intimider. J'ai sur-le-champ publié l'ordre du jour n° 1 que je joins à ma lettre. Cet ordre du jour fondé en droit, selon moi et mon bataillon; mais acte de rébellion, selon le juste milieu, devait m'ouvrir les barres de la Cour d'assises, si ce gouvernement ne reculait devant la publicité d'un procès, fait à un homme qui tient par un lien à la famille de Napoléon. On m'a cité devant le conseil de la préfecture de la Seine, tribunal qui juge à huis clos et selon les ordres de ses maîtres.

Je me suis rappelé l'*illégalité* commise par lui deux mois avant à mon égard, et l'impopularité de ses membres ; je n'ai pas hésité alors à lui jeter au nez cette lettre (n° 2) très-peu convenable sans doute, si elle était adressée à des hommes à demi respectables ; mais à la taille de ceux qui devaient la décacheter ; elle a fait du reste bonne fortune dans le public, même dans celui qui conserve encore un demi-respect pour le trône chancelant de 1830. Ma suspension a été prononcée après huit jours d'hésitation ; puis une ordonnance royale, contre-signée *Thiers*, est venue prolonger ma suspension et la rendre définitive.

J'ai alors publié l'ordre du jour (n° 3) et le conseil d'État est saisi d'un recours qui n'aura pas de procès devant ce tribunal infidèle à son origine, mais qui au moins aura du retentissement par la publication d'un mémoire que j'aurai l'honneur de vous adresser, et par les plaidoiries qui seront toutes politiques, et qui auront pour but de jeter les derniers fondements de la popularité, que mon origine et cette affaire m'ont acquise.

C'est mon début dans une carrière qui m'est ouverte, et que je veux parcourir ; ce début a été assez heureux pour m'encourager, je le vois maintenant, les souvenirs de la famille de mon père sont vivaces ; pour leur rendre toute l'énergie de l'enthousiasme, il ne faut que les remuer, et chaque jour les circonstances conspirent à l'envi pour amener ces résultats qui pour avoir été lents, n'en seront pas moins certains et éclatants. L'Empereur n'est plus, le duc de Reichstadt a succombé ; mais la France indignée de l'exil de la famille du proscrit de Sainte-Hélène est d'autant plus disposée en ma faveur, que ses quasi-représentants mettent plus d'importance à l'éloigner de France. Le souvenir de votre gouvernement de Naples, celui des sentiments patriotiques du prince de Canino, est dans tous les cœurs nationaux ; on se communique ces pensées à l'oreille et avec précaution ; il n'y a pas encore de centre d'action ; les débris de l'Empire sont dispersés, et si un événement, qui devient chaque jour plus probable, éclatait, les résultats en seraient manqués.

Seul du sang de l'Empereur en France, j'ai eu le bonheur, par une résistance légitime, de devenir un commencement de centre d'action ; une popularité faible sans doute, mais inespérée, et que je dois à une glorieuse ressemblance, est venue tout à coup me donner une importance, qui habilement exploitée dans l'intérêt des frères de l'Empereur, peut contribuer à un revirement politique, ou à diriger le choix du peuple, lorsqu'il n'aura pas de chef ; je me dévoue à cette tâche, je le dois à la mémoire de mon père, je le ferai ; c'est mon rôle à moi, comme le sien fut d'être grand homme. Ces idées que mon cœur m'avait suggérées, vous les avez fortifiées par la bienveillance avec laquelle vous, monsieur le comte, et M. le prince de Canino, avez daigné m'accueillir ; mais le désir ne suffit pas ; il faut encore les moyens d'influences, qui ont tant de puissance sur la société française.

Vous avez bien voulu me donner l'adresse de votre banquier, mais quelles que soient les sommes que je puiserais dans sa bourse, elles seraient perdues en influence politique ; comme garçon, ma position est belle et agréable je puis faire un semblant d'opposition, mais cette guerre d'escarmouche peut flatter mon amour-propre et être stérile pour la famille. Assez riche comme simple particulier et homme du monde, je le suis trop peu comme homme politique, aspirant à représenter la famille de l'Empereur, homme marié, j'acquiers de l'importance, de l'aplomb ; une femme plus convenable me donne plus de puissance, mes salons deviennent le rendez-vous des patriotes et journalistes influents, et je représente en France les frères de Napoléon, jusqu'à ce que la loi d'exil soit abrogée, ou qu'ils l'abrogent eux-mêmes par un retour inopiné et *à propos*. Ma place alors est à la Chambre. Et une conduite politique, sage, prudente, nationale, populaire, est indispensable, et aplane les obstacles.

Vous avez daigné me faire entrevoir que, *sorti de la famille, il m'était possible d'y rentrer*, cet honneur comblerait mes vœux, car alors mes efforts ne seraient pas frappés de stérilité, et si les renseignements, que le tuteur que l'Empereur m'a choisi, ont pu vous satisfaire, je serais heureux de devoir la confirmation de ma naissance aux frères de celui qui m'a donné la vie, et d'ouvrir par une alliance les portes de la France à une nièce de Napoléon. Ils pourraient compter sur mon zèle et ma prudence à servir leur cause, qui est aussi celle de la liberté et de l'honneur de la France.

Si, Monsieur le Comte, vous êtes toujours animé envers moi des bons sentiments que vous m'avez témoignés, je sollicite de vous comme une faveur des conseils que je me ferai un devoir de suivre : le temps presse, les événements marchent à pas de géant, nous n'avons encore ni plans, ni centre d'action, et Louis-Philippe et Wellington règnent !

J'ai l'honneur d'être, Monsieur le Comte, votre très-humble et très-obéissant serviteur,

Comte LÉON.

Paris, le 1er décembre 1834.

# III

**Lettre du roi de Hollande à propos de Pierre Bonaparte, compromis à Rome, et de Louis-Napoléon, fils du roi Louis.**

Pise, ce 20 janvier 1837.

Mon cher oncle, je réponds de suite à votre lettre du 17, que je reçois à l'instant.

Je me ferai un devoir de vous informer exactement de tout ce que j'apprendrai sur la succession, mais je ne comprends pas comment j'en serai instruit avant vous qui êtes à Rome et partie agissante.

Je rends grâce à Dieu que l'affaire de ce malheureux Pierre soit finie, mais je dois vous avouer que pour eux, comme pour mon fils même, j'ai pris le parti de n'y plus songer. Toutes les fois que je reçois des lettres ou quelque écrit relatifs à mon malheureux fils, je les brûle sans les lire, c'est ce que je viens de faire pour deux imprimés relatifs à cet objet. C'est sans doute sa malheureuse mère qui fait faire ces brochures. Je voudrais savoir seulement ce qu'il est devenu; si vous en savez quelque chose, informez-m'en.

Je concourrai avec vous à terminer ces affaires de la succession, puériles, honteuses, et pourtant inévitables, et, pour cela, je voudrais bien que Joseph et vous me donnassiez le Legs de vermeil qui m'appartient ou sa valeur, à votre choix.

Du reste, je pense comme vous sur Caroline, et j'en ai la preuve depuis longtemps. Je conçois qu'on soit épris de la renommée, mais non pas qu'on recherche une mauvaise renommée, surtout quand on a de l'esprit comme Elle.

Votre très-affectionné neveu,

Louis.

## IV

**Lettre du roi Louis de Hollande à sa fille et lettre à son fils (futur empereur).**

*A Madame*
*Madame la princesse Charlotte-Napoléon Bonaparte,*
*chez M. le comte de Survilliers,*
*Parck Cressent, n° 23,*
*Londres.*

Florence, le 5 octobre 1833.

Ma chère fille, votre maman, que j'ai vue hier dans la chambre de Zenaïdes, m'a fait savoir que mon frère désirait connaître mon opinion sur la brochure de Louis, relative à la Suisse ; je ne puis mieux faire que de vous envoyer copie de la lettre que j'ai écrite à votre cousin à ce sujet. Comme cette lettre est fort longue et qu'on aura de la peine à la faire tenir dans cette feuille je me bornerai à vous donner ici l'assurance de l'attachement que vous me connaissez pour vous. Mes amitiés à mon frère, à Christine et son mari, à Juliette et son mari. Dites à votre oncle Lucien que ses deux fils Louis et Pierre sont ici, et que je suis dans la nécessité de ne pas les recevoir parce que je ne saurais approuver leur conduite. Le premier est, dit-on, sur le point d'épouser une femme de chambre. Adieu, je vous embrasse de tout cœur.

Louis.

COPIE DE MA LETTRE A MON FILS. (12 septembre dernier.)

Mon cher fils, je reçois ta lettre du 2 septembre justement au moment où j'allais t'écrire sur ton ouvrage que je viens de lire. Je ne saurais approuver toutes tes idées, mais du moins j'aime fort que tu t'occupes sérieusement. Je veux pourtant te faire mes observations critiques. Je te parlerai franchement à ce sujet, parce que tu as assez de mérite pour pouvoir supporter la vérité, et que d'ailleurs je n'ai pas la prétention de croire mon jugement infaillible ; ce dont je suis sûr et puis t'assurer, c'est que je te dis ce que j'éprouve.

1° L'épigraphe que tu as choisie pour ton ouvrage n'est pas adroite ; ce n'est pas à nous, mon ami, à afficher de la défiance sur des promesses *impériales*. Je désirerais, quand tu écris quelque chose, c'est-à-dire quand tu parles au public, que tu n'oubliasses pas que chacun verra d'abord en toi le fils de l'ancien roi de Hollande, et le neveu de l'empereur Napoléon, et que sous aucun de ces rapports, il n'est convenable de répéter des propositions sujettes à de fausses interprétations.

Je trouve (page 6) que tu parles d'une manière trop tranchante de la politique de l'Empereur ; songe, mon ami, à ton âge, et au peu d'expérience que tu as de ce temps-là ; c'est la première réflexion que feront tes lecteurs ; puis la politique du chef de ta famille, d'un homme tel que l'Empereur, doit-elle être jugée légèrement par un jeune homme de 24 ans, surtout quand ce jeune homme est son neveu ? Je t'ai déjà écrit que je n'approuvais pas ce que tu as publié, page 7, sur les motifs de ma conduite ; tu aurais dû, par toutes sortes de raisons, me consulter, ou du moins consulter mes documents sur la Hollande, qui sont une espèce de compte rendu. Je ne sais pas s'ils sont bien écrits, mais ce que je sais, c'est qu'ils le sont en conscience. Faire autrement, c'est non-seulement me manquer, mais c'est te manquer à toi-même, et d'ailleurs t'exposer à de graves erreurs.

Tu dis à la fin de la page 7, que la Suisse a joui d'une tranquillité parfaite jusqu'en 1814. Tu te trompes grandement, puisque tout le monde se dira qu'en 1799 la Suisse fut en proie à de grands troubles, et que le gouvernement français d'alors eut de graves reproches à se faire. C'est un des titres de gloire de l'Empereur d'avoir su, par sa modération, concilier les intérêts les plus chers de la Suisse avec la politique de la France, et d'avoir arrêté l'effusion du sang et les déprédations et dissensions dont ce pays était le théâtre. Voilà ce que tu pouvais dire et ce que tu n'as pas dit, sans doute parce que tu l'ignorais ; mais n'aurais-tu pas dû t'en informer parfaitement, avant de publier ton opinion. Je te le demande ?

Page 11. Est-ce à toi à traiter le gouvernement de l'empire d'arbitraire ?

Page 13. Contradiction, tu dis que le système fédératif convient à la Suisse, et un peu plus bas, qu'elle se plaint de ce système, lequel paralyse ses forces, etc.

Page 23. Tu confonds, ce me semble, le pacte fédéral avec la constitution ou l'organisation intérieure de l'État.

Tu me ferais plaisir de me rappeler les mots mêmes du sénatus-consulte de l'an XII, qui établit l'obligation d'un appel au peuple. Je crains que tu ne te trompes à cet égard.

Page 24. Ce n'est pas durant 300 ans que le système héréditaire a surmonté toutes les dissensions en France, mais bien pendant 1400 ans; c'est sans doute une erreur de plume de ta part.

Page 26. Je lis les lignes suivantes : *Le peuple, qui est le plus juste et le plus fort de tous les partis; le peuple qui abhorre autant les excès que l'esclavage; le peuple qu'on ne peut jamais corrompre et qui a toujours le sentiment de ce qui lui convient.*

Je suis fâché de te le dire, mon ami, mais ces lignes contiennent autant de faussetés que de mots; le peuple peut bien être le plus fort, mais non le plus juste de tous les partis. Pour moi je crois qu'on pourrait plus raisonnablement rédiger ce passage de ton livre de la manière suivante :

*Le peuple, le plus fort, mais souvent le plus injuste de tous les partis; le peuple, si enclin aux excès, qui se laisse si facilement porter à l'esclavage; le peuple, que l'on corrompt si facilement, et qui a si rarement le sentiment de ce qui lui convient.*

Il serait bien facile d'appuyer ces propositions, de les prouver par l'exemple du passé et surtout par l'histoire de nos jours. Vois-le incendier les châteaux au commencement de la Révolution; se faire un jeu, une plaisanterie de pendre aux réverbères les personnes qu'il rencontrait au hasard; plus tard, immoler sans scrupule les plus honnêtes citoyens pour obéir à la lettre aux lois capricieuses et monstrueusement folles de Robespierre; voir ces mêmes hommes battre des mains le lendemain, à la mort de ce monstre; vois-le soudoyé par de misérables brigands, se livrer à toutes sortes d'horreurs, à tous les excès de la cruauté la plus extrême; vois, au 10 août, les femmes porter pour boucles d'oreilles, des parties des corps mutilés des Suisses; vois-le au 2 septembre, immoler les prisonniers ; vois-le obéissant et applaudissant aux nombreux proconsuls, qui sous la Terreur, couvrirent la France de sang et de deuil, et répète, si tu l'oses, qu'il est le plus juste de tous les partis, qu'il abhorre l'esclavage, qu'on ne peut jamais le corrompre !

Page 36. Ce que tu dis relativement à la Suisse me semble être implicitement contradictoire ; il n'y a point de neutralité possible sans force et véritable indépendance, par conséquent neutralité et alliance s'excluent naturellement.

Page 39. Voilà encore une contradiction, tu as dit, page 36, que le système militaire de la Suisse repose sur la neutralité, et tu ajoutes, page 39, que cette neutralité est impossible. Tu dis encore que l'égoïsme est un mauvais calcul et ne profite à personne. Je le crois aussi, si tu n'entends parler que des individus dans la société, mais tu as tort, si tu l'appliques aux sociétés entre elles, du moins jusqu'à un certain point.

Chaque société forme, pour ainsi dire, un univers à part ; son but est de chercher la conservation et le bien-être de ses membres, si tu appelles cela de l'égoïsme, non-seulement cet égoïsme n'est pas blâmable, mais il est même dans l'obligation de la société.

Page 42. Ce que tu dis ici sur les qualités nécessaires à une armée suisse, peut s'appliquer aussi à toutes les armées, et doit être pris en grande considération dans l'organisation d'une armée suisse ; cependant il y a une considération importante qui t'a échappé, et c'est la différence totale entre le système militaire de la Suisse et celui de la Prusse. Celle-ci n'a pas de frontières bien marquées, la plus grande partie de son territoire est ouverte et en plaine. La Suisse, au contraire, a des frontières précises, hérissées de montagnes ou de positions formidables, l'intérieur est coupé, difficile, et offre à chaque pas des positions militaires formidables. La

Suisse est un petit pays qui ne saurait être conquérant ni envahisseur.

La Prusse, outre qu'elle est maintenant un État considérable, a par la nature des choses, toujours son armée campée et prête à envahir les territoires voisins : son meilleur système de défense est de se maintenir le plus possible propre à l'offensive. La Suisse, au contraire, ne sera jamais plus formidable que chez elle. Le système offensif est le meilleur pour la Prusse, le défensif est le seul qui convienne à la Suisse; c'est là la règle qu'elle ne doit point perdre de vue dans l'organisation de son armée.

Il y aurait trop de choses à dire à ce sujet et je m'arrête. J'ajouterai seulement que tous les détails d'organisation que tu donnes, sont un peu hasardés, parce qu'ils ne sont pas appuyés de preuves, ces dénominations de colonels divisionnaires me semblent un contre-sens; si la Suisse doit avoir une armée, elle doit avoir tous les éléments qui la composent, et par conséquent des généraux de brigade, des généraux de divisions et des généraux capables de commander en chef. Si je devais dire mon opinion, j'avancerais que la force de l'armée suisse doit être dans les troupes légères et de position, tandis que la Prusse a besoin d'une armée essentiellement manouvrière et de bataille.

Je ne sais pas ce que tu entends, page 60, par ces mots : *Le règlement forme les bataillons sur deux rangs*. Tu as raison de préférer trois rangs, mais ceci est une affaire de manœuvre et non d'organisation, etc., etc., etc.

Voilà, mon ami, les observations que j'ai à te faire sur ton ouvrage, à la première lecture. Il m'aurait fait bien plus de plaisir, si je n'y avais pas remarqué les incohérences, les choses hasardées et même inconvenantes que je t'ai rapportées : je te prie d'y faire une sérieuse attention à l'avenir; sans cela, tu iras, même sans t'en douter, contre ton but qui ne peut être que de soutenir la gloire de ton nom et de t'en rendre digne.

Je te répète, au reste, que je suis content de ton ouvrage, qu'il te fait honneur et que cela est très-convenable; les méditations sur l'histoire sont l'occupation la plus raisonnable et la consolation la plus efficace, pour des hommes qui se trouvent dans notre position. Adieu.

Louis.

## V

**Texte primitif de la proclamation de Saint-Arnaud, au 2 décembre.**

---

## PROCLAMATION

###### HABITANTS DE PARIS !

Les ennemis de l'ordre et de la société ont engagé la lutte. Ce n'est pas contre le gouvernement qu'ils combattent ; mais ils veulent le pillage et la destruction.

Que les bons citoyens s'unissent au nom de la société et des familles menacées.

Restez calmes, habitants de Paris ! Pas de curieux inutiles dans les rues ; ils gênent les mouvements des braves soldats qui vous protégent de leurs baïonnettes.

Pour moi, vous me trouverez toujours inébranlable

dans la volonté de vous défendre et de maintenir l'ordre.
Le ministre de la guerre,
Vu la loi sur l'état de siége,

Arrête :

Tout individu pris construisant des barricades, ou défendant une barricade, ou les armes à la main, sera *fusillé* (1).

Paris, le 3 décembre 1851.

*Le ministre de la guerre,*
A. DE SAINT-ARNAUD.

(1) Rapporté à 4 heure du matin à l'Imprimerie Nationale, à travers les barricades, par M. de Saint-Georges, seul, escorté de M. Montluc ; l'épreuve avait été présentée au Ministère de la guerre à MM. de Saint-Arnaud, Morny et Fould, par M. de Saint-Georges. — Le mot *fusillé* a été écrit par M. de Morny.

(*Cette dernière note est de M. de Saint-Georges.*)

# VI

**Suites du 2 décembre. — Les transportations politiques.**

---

QUELQUES RENSEIGNEMENTS SUR LA TRANSPORTATION

A LA GUYANE FRANÇAISE.

*Octobre* 1853.

Exposé. — Dans un but de sécurité pour le pays, le décret du 8 décembre 1851 a ordonné l'expulsion de France, et l'envoi à Cayenne, d'une certaine classe de détenus politiques. Depuis, et par extension, le décret du 27 mars 1852 a appliqué la même mesure aux forçats et aux individus repris de justice, en rupture de ban.

Le projet conçu par le gouvernement et qui devait être appliqué sur de larges bases, était d'arriver à coloniser la Guyane française, à la rendre productive, de raviver son ancienne splendeur perdue par suite de l'émancipation des noirs, en lui fournissant les bras nécessaires à la culture de ses riches savanes, à l'exploitation de ses immenses forêts et enfin à ranimer la production de ses diverses denrées coloniales dont la réputation était universelle. Pour arriver à ces fins les moyens employés ont-ils tous répondu à la grandeur du but que l'on voulait atteindre?

Premiers convois. — Les premiers convois envoyés ont été placés sur les îles du Salut, en face l'embouchure du Kourou ; déjà, avant l'arrivée des hommes qui les montaient, quelques constructions en bois avaient été élevées ; elles étaient insuffisantes, il est vrai, mais parmi les forçats se trouvaient des hommes d'états et en peu de temps tout le monde fut abrité, au moyen des cases envoyées de France. Mais, il ne faut pas se le dissimuler, l'abri n'est pas le seul point capital à assurer sous le ciel brûlant de la Guyane ; il faut que, surtout pour les grandes agglomérations d'hommes, les besoins soient prévus pour les maladies, les magasins approvisionnés de vivres et de vêtements ; que les mesures d'ordre, de discipline, d'hygiène, soient prises, suivies, appliquées. Eh bien, surtout et les approvisionnements et l'hygiène laissaient beaucoup à désirer ! Aussi, par suite de la négligence extrême apportée dans la propreté, du manque de vestiaire et de chaussures (1) pour les transportés, en est-il résulté, aux îles du Salut, principalement où l'encombrement était plus grand, une épidémie typhoïde qui a non-seulement enlevé un certain nombre d'hommes, mais encore qui en a frappé d'épuisement environ 150, lesquels, d'après les déclarations des médecins, devront succomber dans un laps de temps plus ou moins long.

Déjà ces prévisions se sont réalisées en partie ; la dyssenterie a sévi également avec rigueur, puisque, sur une

---

(1) Ce manque de chaussures a occasionné un nombre considérable d'admissions à l'hôpital pour des plaies et blessures faites par les chiques ; ainsi j'ai vu, dans les salles d'infirmerie, tout à fait incapables de travailler, 102 individus, pour cette infirmité, en avril 1853.

population de 1,700 individus, il s'en trouvait 423 malades, dont 198 atteints de dyssenterie et cela en mai 1853.

Depuis cette époque, l'état sanitaire en général s'est amélioré, mais si la population totale des îles du Salut s'est trouvée réduite, en juillet, à 1,300 individus et le nombre des malades à 200 environ, la mortalité, pendant les mois de mars, avril, mai et juin n'en a pas moins suivi les chiffres ascendants de 26, 37, 41 et 45, c'est-à-dire une moyenne de 34 p. c. Il est juste de dire qu'en juillet ce chiffre est retombé à 19.

A ces causes de découragement, frappant la masse des transportés, il faut encore ajouter l'oubli de l'engagement pris par le gouvernement de donner à chacun d'eux des terres à cultiver et l'application du régime du bagne dans toute sa rigueur. Aussi les hommes en sont-ils venus à ce point que, par suite des promesses inconsidérées qui leur ont été faites par le précédent gouverneur, promesses qui ne pouvaient être suivies d'effet, en sont-ils venus à ce point, dis-je, de douter de tout et d'être complètement démoralisés. Pendant quelque temps, l'espoir s'était ranimé parmi eux, les envois à la Montagne-d'Argent et à l'Oyapock leur paraissaient le commencement de la réalisation des projets conçus annoncés, mais les nouvelles qu'ils ont reçues depuis, de leurs camarades, minés par les fièvres et la dyssenterie les ont de nouveau jetés dans l'incertitude. Ils se regardent comme des victimes dévouées à la mort et attendent de jour en jour le coup qui doit les frapper.

Ici se présente tout naturellement la question de savoir si les emplacements choisis pour les établissements réunissent toutes les conditions sérieuses de réussite.

ILES DU SALUT. — Pour les îles du Salut l'affirmative n'est pas douteuse, un seul point y laisse à désirer, c'est l'approvisionnement de l'eau; mais cet inconvénient qui est grave en lui-même, peut être facilement paré au moyen de ressources actuelles, tant en caisses à eau que par des goëlettes qui, remontant dans le Kourou, peuvent faire de l'eau pour ces îles. Il n'y a pas lieu, comme on l'avait pensé d'abord, de compter sur les puits de Saint-Joseph, puits creusés par des Anglais, dans un moment de relâche, mais dont l'épuisement s'opère dès qu'on en fait usage. Il serait bon, je crois, afin de remédier de suite à tous les événements qui pourraient arriver, de doter dès à présent ces îles d'un appareil distillatoire de vaisseau, attendu d'une part, que la passe de Kourou n'est pas toujours très-facile, que dans la saison sèche, l'aiguade se trouve à 14 ou 16 lieues dans la rivière et que, d'autre part, les courants presque constants qui règnent dans ces parages, obligent les goëlettes à employer quelquefois 40 ou 50 heures pour revenir de la pointe de Kourou à l'île Royale, quand 3 ou 4 heures suffisent pour ce voyage.

Le groupe d'îles dont il s'agit est donc bien, très-bien choisi comme lieu de dépôt des arrivants et de répression pour ceux des transportés qui, envoyés dans d'autres établissements ou employés sur la grande terre, motivent, par leur conduite, des mesures de rigueur à leur égard. Le mouillage des îles du Salut est bon et sûr ; les bâtiments y sont en sécurité et peuvent renouveler leur provision d'eau en envoyant dans le Kourou.

Aux îles du Salut, les arrivants n'éprouvent pas cette chaleur accablante qui épuise et énerve les Européens ; quoique sous la même latitude que Cayenne, l'élévation du plateau où les cases ont été construites, permet aux courants d'air de chasser tous les miasmes délétères qui pourraient se dégager; là, d'ailleurs, il n'y a point d'eau stagnante, de palétuviers, de vases enfin : les travaux de nivellement et les chemins percés sur ces îles, n'ont pas peu contribué non plus à les assainir, et à en assurer la sécurité défensive. Aussi je suis convaincu qu'avec l'ordre, la propreté et la discipline qui y règnent actuellement, ces îles qui contiennent environ 1300 forçats, pourraient en renfermer, dans le même nombre de cases existant, de 15 à 1600. Et des constructions que l'on établirait facilement sur les espaces déblayés, permettraient de porter, sans inconvénient, à 2000 le chiffre de transportés dans ce groupe. Cette idée, nous l'avons, M. de la Richerie, commandant particulier et moi, souvent examinée et approfondie et toujours nous sommes demeurés d'accord qu'elle pouvait être mise à exécution. Pour la réaliser, il ne faudrait que l'envoi à Cayenne de 4 grandes cases comme celles déjà précédemment fournies. C'est à tort que l'on a prétendu que ces cases seraient de peu de durée ; j'ai vu celles qui sont en place, leur état d'entretien est bon et assurément elles peuvent fournir la carrière qui leur a été assignée par prévision. De nouvelles cases préparées en Europe devraient donc être expédiées à la Guyane, si la transportation devait se continuer rapidement sur une grande échelle, attendu que les bois du pays ne peuvent encore être convenablement exploités. Et à ce sujet je dirai que la colonie n'offrant pas de pierres à chaux, on ferait bien de lester les bâtiments partant de France avec de la pierre calcaire, qui serait facilement convertie en chaux à la Guyane.

ILET-LA-MÈRE. — L'Ilet-la-Mère est sans contredit, le point le mieux choisi pour un établissement destiné aux transportés politiques. Située à deux heures de Cayenne, cette île dont la végétation est magnifique, offre du bois, de l'eau et des ressources de culture. Le versant sud, complétement abrité des vents du large par le coteau escarpé traversant cette île dans sa longueur, réunit toutes les conditions de bien-être et de salubrité. D'abord uniquement occupé par des politiques, au nombre de 120, l'Ilet-la-Mère a vu sa population s'accroître successivement de près de 250 volontaires, autrement dits repris de justice, évacués des Iles-du-Salut, après l'épidémie qui y avait sévi et enfin de 98 politiques amenés par l'*Allier* le 5 juillet dernier, sa population se trouve donc être, en ce moment, de 470 individus environ, dont moitié politiques et moitié repris de justice. — Il est vivement à regretter que les nécessités du service aient obligé de placer sur la même île ces deux catégories de la transportation. Quoique s'évitant et se fuyant les uns et les autres (les politiques affectent un profond mépris pour les repris de justice et ceux-ci faisant retomber sur leurs compagnons de transportation les justes rigueurs déployées), toujours est-il que parmi les politiques il se trouve des hommes de dénigrement, des hommes habitués à commander, *à en imposer* aux masses et qui, usant de l'espèce de prestige que le mot de *politique* leur donne jettent, par une critique en apparence modérée, le découragement parmi les repris de justice, les seuls de l'Ilet-la-Mère, sur lequel le gouvernement puisse compter pour coloniser.

Il est donc à désirer, dans l'intérêt de la colonisation, que ces deux catégories soient séparées dans le plus bref délai possible, d'ailleurs les politiques se trouvent constamment en présence, en contact avec les repris de justice ; les mesures d'ordre et de discipline qui les régissent sont les mêmes, la nourriture et le vestiaire sont semblables ; de là naît, entre les deux classes, une aigreur, une sourde agitation qui n'attend, pour éclater, que la première occasion. Je le repète, il est indispensable que cette séparation ait lieu, pour que la marche de la colonisation ne soit pas entravée.

Le projet d'établir l'hôpital central de la transportation à l'Ilet-la-Mère est l'une des plus heureuses conceptions. Toutes les conditions exigées pour un semblable service se trouvent réunies sur ce point.

Le dépôt de la montagne d'Argent renferme environ 300 forçats ; ils sont là comme dans un gîte de transition, avant d'être envoyés dans l'Oyapock, où doivent se développer successivement tous les établissements.

MONTAGNE D'ARGENT. — La montagne d'Argent, dont la

propriété a été assurée à l'État, par suite d'acquisition, est l'un des points les plus fertiles; toutes les plantes et les fruits tropicaux y croissent en abondance; l'eau, le poisson, le manioc, rien n'y manque, l'on peut y faire des légumes de toute nature. Mais ces grands avantages sont payés par la difficulté d'approcher de la côte, cette partie de la baie d'Oyapock étant couverte de roches et la mer y brisant souvent avec force. D'un autre côté, la montagne est entourée de marais immenses couverts de palétuviers et la mer en se retirant, laisse à découvert de grandes plages de vases. De ces marais et de ces plages se dégagent des miasmes qui retombant sur la montagne y occasionnent des fièvres pernicieuses. Les maladies y sont nombreuses, les décès fréquents, et cependant là on n'est pas à proprement parler obligé de défricher. Ce point était exploité naguère par un planteur, occupant un grand nombre de nègres, les traces de culture se retrouvent à chaque pas et la terre, lorsqu'on l'entr'ouvre, ne laisse pas se dégager ces exhalaisons cruelles que l'on rencontre en touchant les terrains vierges. La dyssenterie et les fièvres de la montagne d'Argent, qui prennent le cachet des fièvres d'Oyapock, lorsqu'elles n'enlèvent pas les hommes en deux ou trois jours, comme j'en ai vu plusieurs exemples, les épuisent, les énervent tellement qu'ils peuvent être considérés comme perdus. Des soldats eux-mêmes non astreints au travail comme les condamnés, avaient succombé et d'autres que nous avons ramenés, faisaient pitié, presque peur à voir! Enfin, et pour mieux faire apprécier l'état sanitaire de la montagne d'Argent, je ne puis que citer les chiffres suivants : la population moyenne du 1$^{er}$ janvier au 30 juin 1853 a été de 200 individus, la mortalité de 37; c'est donc une perte de 37 p. c. par an!

SAINT-GEORGES D'OYAPOCK. — Parler de Saint-Georges, c'est aborder la question la plus grave, la plus difficile de la transportation. C'est là que se trouve tentée l'épreuve de la colonisation par les blancs.

Les motifs qui ont porté à adopter Saint-Georges pour point de départ des essais sur la grande terre, sont :

1° L'éloignement des centres de population et, par suite, la sécurité laissée aux quelques colons disséminés dans la Guyane, qui craignent le contact des gens avec lesquels le gouvernement doit agir ;

2° La fertilité du sol, peut-être plus grande là encore que par toute la Guyane ;

3° La situation sur la rivière d'Oyapock, l'un des plus beaux fleuves de la colonie, dont l'entrée est assez facile et qui, jusqu'à Saint-Georges, présente peu de difficultés, sauf quelques roches ;

4° L'espoir de remonter prochainement au-dessus des premiers sauts de la rivière et de se trouver dès lors dans des conditions meilleures de salubrité, puisque l'on quitterait les terres basses pour aborder les terrains élevés où les Européens ont plus de chances de vivre.

Assurément tous ces motifs auraient une haute importance, mais aussi ne devait-on pas envisager, d'une part, l'éloignement lui-même du centre de la colonie, la rareté, la difficulté des communications ou alors, si on voulait le renouveler plus souvent, les dépenses considérables dans lesquelles on se trouverait entraîné ; d'autre part, les épreuves auxquelles on allait soumettre les hommes qui seraient employés aux défrichements, épreuves telles qu'il était facile à l'avance de prévoir que des maladies nombreuses viendraient les assaillir. N'était-ce pas plutôt le cas de rechercher, parmi les points abandonnés dans la colonie, ceux d'un abord facile, qui déjà auraient été exploités, et qui, enfin, offraient plus de chances de réussite sans présenter les mêmes dangers. Assurément l'on en eût trouvé, j'en connais et pourrais en citer, tel l'ancien établissement dit des Pères, dans la rivière de ce nom, l'un des affluents du Kourou et qui réunit toutes les conditions de succès. Les grandes savanes qui sont contiguës auraient même permis de s'y livrer à l'élève du bétail (1). Enfin, n'y avait-il pas lieu de considérer si, en présence des frais occasionnés par les ravitaillements, des dangers de perte des bâtiments (comme l'*Élan* dans l'Oyapock), des fortes dépenses nécessitées par les maladies, il n'y aurait pas avantage pour l'État à exproprier des propriétaires restant sur tel ou tel point de la colonie, dont les terrains seraient déjà en rapport et d'y placer un plus grand nombre de condamnés dont les produits auraient, en peu de temps, couvert l'État de ses avances.

Quoi qu'il en soit, on se décida pour Saint-Georges et sur ce point se concentrèrent toutes les pensées, toute l'énergie du gouvernement colonial pour réussir.

Le choix du personnel ne laissa rien à désirer, un ancien habitant du pays, en connaissant toutes les ressources, ayant dirigé lui-même de nombreux nègres, fut désigné comme agent de colonisation ; les quelques nègres qui se trouvaient prisonniers à la Guyane lui furent confiés, et l'on choisit, parmi les transportés, les premiers arrivés, les plus robustes, les plus tranquilles et enfin, condition *sine quâ non*, ceux qui n'avaient pas un seul jour d'hôpital. On approvisionna la colonie naissante de vivres, outils, médicaments et on lui fournit deux baraques pour servir d'infirmerie.

Eh bien, au bout d'un mois de tentatives de défrichements, suivies avec le plus vif intérêt, la dyssenterie et la fièvre régnaient sur Saint-Georges. L'agent de colonisation, le commandant de troupes, les troupes, les sur-

---

(1) On a objecté que, puisqu'un marché de 3 ans avait été passé pour la fourniture de la viande fraîche, il n'y avait pas à s'occuper, quant à présent, de ce point. Je pensais au contraire que 3 années d'élèves en grand auraient à peine suffi pour nous affranchir, à l'avenir, de marchés aussi onéreux que celui dont il s'agit.

veillants, les gendarmes, les transportés, tout le monde était atteint :

| | | |
|---|---|---|
| Sur 5 gendarmes | 5 | malades, |
| 5 surveillants | 5 | » |
| 40 soldats | 26 | » |
| 120 transportés | 90 | » |

et ceux qui restaient debout étaient tellement affectés que, lorsqu'on les pressait de travailler, ils répondaient : A quoi bon, pour être demain sur les cadres. Et cependant ces hommes étaient venus à Saint-Georges sur leur demande et avaient été choisis comme il l'a été dit précédemment! Dans l'opinion des gens du pays, Saint-Georges verra prochainement une grande catastrophe. J'ai entendu des anciens habitants de la colonie dire que chaque feuille des palétuviers de l'Oyapock renfermait un accès de fièvre. Faisant la part de l'exagération et du désir d'expropriation qui anime beaucoup de colons, toujours est-il qu'il est à craindre que cet essai ne réussisse pas et que l'on ait dépensé, en pure perte, une volonté, une énergie qui, ailleurs sans doute, auraient amené d'autres résultats.

Mais aussi, et je suis encore à me le demander, pourquoi avoir choisi un semblable emplacement? Que l'on se figure une langue de terre sablonneuse, élevée de 40 à 50 centimètres au-dessus des hautes eaux, d'environ 800 mètres de longueur sur 250 mètres de largeur, bordée aux deux extrémités par deux criques vaseuses et présentant ses deux grands côtés, l'un à l'Oyapock, l'autre à un marais assez considérable, qu'il faudra nécessairement défricher et qui ensevelira dans son sein les malheureux qui le travailleront.

Il semble que l'on n'ait dépensé tant d'énergie et d'intelligence, sur un espace aussi malsain, que pour vouloir donner un exemple extrême de ce que peuvent faire les Européens à la Guyane, dans les conditions les plus mauvaises.

Résumé. — En résumé, la discipline, l'ordre matériel règnent donc en ce moment à la Guyane française, toute tentative de révolte serait facilement et promptement réprimée, grâce aux mesures énergiques prescrites par le gouvernement colonial. Mais, à proprement parler, le grand travail de la colonisation n'est encore qu'essayé à Saint-Georges, et ces essais ne répondent pas aux soins et aux efforts dépensés. Sur tous les pénitenciers, excepté parmi une certaine classe de politiques, il y a soumission ; mais il n'y a plus cette ardeur de travail qui fait entreprendre et réussir de grandes choses, cette soumission est plutôt une résignation abrutie que tout autre sentiment.

La religion elle-même ne parvient pas à tirer ces hommes de la torpeur dans laquelle ils sont tombés. L'instruction religieuse confiée à des jésuites, a cependant d'excellents, dévoués et habiles interprètes ; mais les pères le reconnaissent eux-mêmes, leurs efforts n'obtiennent pas les succès qu'ils espéraient. Le supérieur des jésuites craint que le pouvoir militaire, seul omnipotent sur les pénitenciers, ne laisse pas assez de latitude, d'influence à l'action moralisatrice de la religion. Il craint que la liberté de parler et d'agir d'officiers de l'armée ne soit un obstacle à la réussite de la parole religieuse auprès de gens déjà si disposés à la tourner en ridicule.

Que faire ? — En l'état actuel des choses, que reste-t-il à faire ? Si, comme il y a lieu de le penser, le gouvernement ne veut pas renoncer à l'idée de la transportation, et la dignité du pays exige qu'une semblable entreprise ne soit pas abandonnée, du moins doit-il, suivant l'exemple donné par l'Angleterre à Botany-Bay, ne marcher qu'avec une extrême lenteur, s'entourer de toutes les précautions possibles pour que des cases nombreuses soient établies, que les approvisionnements en vivres, vestiaire, chaussures et médicaments soient constamment tenus au complet. Pour ranimer le zèle des transportés occupés aux défrichements, il faudrait leur faire connaître les dispositions prises par le gouvernement, pour assurer leur bien-être futur en préparant, dès à présent, les règlements destinés à les réhabiliter et à leur procurer des terres et une famille. — Il faudrait attendre, avant d'expédier de nouveaux convois, que les logements soient préparés pour les recevoir, que les transportés déjà à la Guyane soient plus disséminés.

— Ici je ne puis qu'exprimer de nouveau le regret que le gouvernement n'ait pas cru devoir faire des engagements avec des nègres de la côte d'Afrique, pour opérer les premiers défrichements. Ceux de Cayenne, habitués à la paresse depuis l'émancipation, ne sauraient remplir le but que l'on se propose. Il est à craindre que la génération actuelle des transportés ne soit promptement emportée par les fièvres, sans qu'elle ait eu le temps de couvrir l'État des sommes énormes qu'elle aura coûtées.

L'engagement de noirs, quelque onéreux qu'il paraisse au premier abord, serait revenu à meilleur compte que les sacrifices auxquels il faut s'attendre en persistant dans la voie que l'on a commencé à suivre. — Du moins faudrait-il, et c'est là une mesure facile à prendre, ordonner que tous les nègres des Antilles, condamnés à plus d'un an, seront envoyés à Cayenne, et décider en même temps que désormais les amendes qui frappent les nègres, pour tel ou tel délit, seront converties en un temps plus ou moins long de travail aux défrichements opérés pour le gouvernement.

Enfin, s'il m'était permis de formuler une observation au sujet des surveillants et de l'infanterie de marine, chargée des postes des établissements pénitentiaires, je dirais : qu'il est vivement à souhaiter que les premiers ne soient pas mariés, attendu que venant avec leurs femmes et leurs enfants, ils sont un embarras pour les dépôts, et que la présence de leur famille est une cause de dépense considérable pour eux, la viande valant fr. 2.25 c. le kilog. et la morue ayant été payée jusqu'à 1 fr. les 500 grammes.

Quant à l'infanterie de marine, le service est si pénible que, d'envoyer de jeunes soldats, c'est presque les exposer à être décimés en peu de temps, lorsque déjà ils n'ont pas subi l'influence des pays tropicaux. Aussi, ce fait a-t-il tellement frappé les administrateurs de la Guyane que j'ai entendu plusieurs d'entre eux s'écrier que nos malheureux soldats étaient les premières victimes de la transportation.

Paris, le 15 octobre 1853.

*Le directeur-adjoint des établissements pénitentiaires de la Guyane française,*

SAILLARD.

Quai Pelletier, n° 24.

# VII

**Liste des publications anti-bonapartistes faites hors de France** (dressée par l'ordre de Bonaparte).

---

### Correspondant parisien.

Ce journal, qui a eu cinq numéros de février à avril 1852, a paru clandestinement; il était rédigé par Pascal Duprat.

### Nouveau Bulletin français.

Ce bulletin a été publié régulièrement à Londres par MM. Thomas et d'Haussonville (10 numéros). Il était introduit clandestinement en France. La publication a cessé à la suite de l'arrestation du nommé Ogg, commis de Jeffs, libraire à Londres, chargé de l'introduction.

### La Voix mystérieuse

Publiée à Bruxelles par Collet.

### Les mystères du Deux-Décembre.

Publiés à Bruxelles par Magen.

### Refus du Serment.

Lettre du général Changarnier, publiée à Bruxelles.

### Refus de Serment.

Lettre du lieutenant-colonel Charras, publiée à Bruxelles.

### Le coup d'Etat de Louis Bonaparte.

Attribué à Schœlcher, publié à Londres en 1852, in-12; publié également à Bruxelles par Briard, 2 vol. in-32.

### Aux Électeurs républicains.

Imprimé clandestinement à Bruxelles.

### Les Proscrits français réfugiés en Belgique.

A la démocratie française.

### Les deux cours et les Nuits de Saint-Cloud.

Publiés à Bruxelles par Magen.

### Napoléon le Petit.

Publié en juillet 1852 à Bruxelles par V. Hugo ; d'autres éditions ont été publiées à Genève et en Piémont.

### Hautes oeuvres de Louis Bonaparte.

Restauration de la guillotine, imprimé à Bruxelles chez L. Labarre.

### Aux républicains socialistes de la Seine.

Premier bulletin de la Société la Révolution, publié à Bruxelles par Verteneuil.

### Histoire des crimes du Deux-Décembre.

Par Schœlcher, imprimée à Londres par Chapman, in-8º et à Bruxelles par Labroue, 2 vol. in-32.

### Clémence de M. Bonaparte.

Imprimé à Bruxelles, 40 pages in-32.

### Au Peuple.

Deuxième bulletin de la Société la Révolution, publié à Bruxelles par Verteneuil.

ANNIVERSAIRE DE LA RÉPUBLIQUE (22 septembre 1792).

Compte rendu du banquet de Londres. Discours de Ledru-Rollin, publié à Bruxelles par Verteneuil.

LETTRE AU PEUPLE.

La commune révolutionnaire, imprimée à Londres par Thomas, 32 pièces in-8° et à Bruxelles par Briard (32 p. in-32).

A L'ARMÉE (signé CHARRAS).

Imprimé à Bruxelles, autre à Londres.

ALMANACH DES OPPRIMÉS POUR 1853.

Par Magen, imprimé à Bruxelles par Briard.

BONNES PAROLES D'UN PROSCRIT FRANÇAIS,

A ses concitoyens, publié en octobre 52 à Bruxelles par Labarre.

AU PEUPLE.

Troisième bulletin de la Société la Révolution.

AU PEUPLE.

Quatrième bulletin de la Société la Révolution.

Au Peuple français.

Bulletin n° 5 de la Société la Révolution, 3 placards imprimés à Bruxelles chez Verteneuil.

Aux Républicains des Ardennes.

Signé Th. Karchner. C'est une provocation à l'assassinat qui a été publiée à Bruxelles par Verteneuil.

Au Peuple.

Publié à Jersey par V. Hugo, Fombertaux, Faure.

Protestation du comte de Chambord.

Imprimée à Bruxelles et en Suisse.

Enquête sur le Deux-Décembre et les faits qui l'ont suivi.

Publié à Bruxelles par Labroue.

Au Peuple.

Sixième bulletin de la Société la Révolution, imprimé à Bruxelles.

République démocratique et sociale : Au Peuple.

Signé Félix Pyat, Rougée, avril.

### Bonaparte par Chateaubriant.

Par Coetlogon, imprimé à Bruxelles par Labroue.

### Les Tables de proscriptions de Louis Bonaparte et de ses complices.

Par Pascal Duprat, publié à Liége, 1<sup>er</sup> décembre 1852 par Redouté.

### A mes camarades les sapeurs-pompiers de la ville de Paris et des départements, et a nos amis de l'armée.

Publié à Londres par V. Froud.

### Les trois maréchaux.

Publié à Bruxelles en 46 p. in-32 par Verteneuil.

### Histoire de Moustaches ou les Deux bandes de voleurs.

Publié à Bruxelles.

### Au Peuple.

Neuvième bulletin de la Société la Révolution publié à Londres.

### La Couronne impériale.

Satyre par Cahaigne, imprimé à Jersey.

## Au Peuple.

Dixième bulletin de la Société la Révolution, imprimé à Bruxelles.

## M. Pascal Duprat, écrit au journal la Nation.

Ce journal est imprimé in-4° à Bruxelles par Labarre.

## Chansonnier impérial

Pour l'an de grâce 1853, publié à Bruxelles et à Londres, et imprimé en Suisse.

---

## 1853.

### Lettre au peuple américain.

Par Félix Pyat, etc.

### Lettre au Peuple suisse.

Par Félix Pyat; imprimé à Londres et à Bruxelles.

A M. LE RÉDACTEUR EN CHEF DU COURRIER DE L'EUROPE.

Signé V. Froud, et imprimé à Londres.

LA VEILLE DU SACRE.

Par Callet, et publié à Bruxelles par Briard.

LE GOUVERNEMENT DU DEUX-DÉCEMBRE.

Par Schœlcher, et imprimé à Londres par Jeffs.

LISTE DES PROSCRITS DE JERSEY QUI SONT RENTRÉS EN FRANCE A LA SUITE DE DEMANDES DE GRACE.

Imprimé à Jersey en mars 1853.

PETITE LITANIE A L'USAGE DES RÉPUBLICAINS CADUCS.

Imprimé à Jersey.

LES NUITS ET LE MARIAGE DE CÉSAR.

Par L. Svelle, Hipp. Magen, à Jersey, publié et imprimé clandestinement à Bruxelles en avril 1853.

LES AIDES DE CAMP DU DEUX-DÉCEMBRE.

Imprimé clandestinement à Bruxelles.

### Cancans véridiques.

### Ce que coute l'Empire.

Publié en avril 1853 à Bruxelles, par Labarre.

### Biographies bonapartistes.

Par Bergeau, imprimé à Jersey.

### Les Bagnes d'Afrique.

Par Ribeyrolles, imprimé à Jersey.

### Discours de V. Hugo sur la tombe du citoyen Bousquet, Jean.

Imprimé à Jersey.

### Les finances de la ville de Paris sous l'Empire.

Publié à Bruxelles par Labarre.

### Compte rendu authentique des faits relatifs a l'expulsion de M<sup>me</sup> de Solms du territoire français.

Publié à Bruxelles, par Briard.

### L'Invasion.

Par Magen, publié à Bruxelles, 15 mai 1853, par Briard.

LE COUP D'ÉTAT DU 18 BRUMAIRE, ET SES CONSÉQUENCES.
M. LOUIS BONAPARTE AU CONFESSIONNAL.

Par Augeraud.

DISCOURS DE V. HUGO SUR LA TOMBE DE LA CITOYENNE LOUISE JULIEN.

Imprimé à Jersey.

ALMANACH DES OPPRIMÉS POUR 1854.

Publié à Bruxelles par Samuel.

LE DEUX-DÉCEMBRE.

Poëme en 5 chants, par Étienne Arago, 14 pages in-32, imprimé clandestinement à Bruxelles.

UNION CONTRE LE TYRAN.

Par Ledru-Rollin, 14 pages in-32, imprimé clandestinement à Bruxelles.

LA MAGISTRATURE IMPÉRIALE.

Par Collet, imprimé clandestinement à Bruxelles le 1ᵉʳ octobre 1853.

## Le Déficit.

Imprimé clandestinement à Bruxelles.

## A l'Armée.

Brochure de 15 pages in-32, imprimé clandestinement à Bruxelles, 20 octobre 1853.

## L'Empire, la Famine et la Honte.

Imprimé à Jersey.

## A la France.

L'agent provocateur Hubert, 16 pages in-32, imprimé à Jersey.

## Chatiments.

Par V. Hugo, imprimé clandestinement à Bruxelles, chez Samuel, le 18 novembre 1853. On a fait à Bruxelles divers extraits de ce pamphlet de 16 pages in-32, chacun pour être introduits en France.

## La Question du Lendemain.

15 pages in-32, imprimé clandestinement à Bruxelles.

LIBERTÉ, TRAVAIL.

Almanach du Progrès pour 1854, imprimé à Payerne par Warnery.

TESTAMENT D'UN RÉPUBLICAIN.

Par de Jouvencel, imprimé à Bruxelles par Samuel.

L'HOMME.

Publié régulièrement à Jersey, puis à Londres, a eu deux années d'existence.

LA VOIX DE LA VÉRITÉ.

Imprimé clandestinement à Bruxelles, 8 pages in-16.

LE SPHINX, LA TRIBUNE.

Ces deux journaux qui n'ont eu qu'un numéro chacun ont été publiés régulièrement à Londres, par Carter.

LES BLANQUISTES POUR RIRE. VOILA POURQUOI M... EST UN MOUCHARD. LES VOLTIGEURS D'ARTABANT.

Imprimé à Jersey.

1854.

La Guerre c'est la Liberté.

Par Ledru-Rollin, publié le 7 janvier 1854 et imprimé clandestinement à Bruxelles.

Peuple de France.

Signé : Les proscrits, provocation pour le 24 février.

Le Vengeur, journal de la conscience publique.

Imprimé clandestinement à Bruxelles. Ce journal a eu quatre numéros.

V. Hugo, Lettre a lord Palmerston.

Imprimé à Jersey. Une autre édition a été imprimée clandestinement à Bruxelles chez Samuel.

V. Hugo. Banquet anniversaire du 24 février 1848.

Publié à Jersey et à Bruxelles.

Pour répondre a la Question du Lendemain.

Publié à Londres et à Bruxelles.

### Les Prêtres et les Césars au Pilori.

Publié à Londres.

### Lettre a la Bourgeoisie.

Signé : Félix Pyat, Boichot, Rougée, 24 février 1854.

### La Question du Lendemain (suite).

Publié à Londres, 25 avril 1854, et imprimé clandestinement à Bruxelles.

### Le Pilori.

Par Magen, publié à Londres, New-York, Genève, 16 avril 1854, et imprimé clandestinement à Bruxelles.

### V. Hugo, Discours de l'exil, 1851-1854.

53 pages in-32, imprimé clandestinement à Bruxelles chez Samuel.

### Aux Républicains.

Signé la Commission de Jersey (appel de secours).

### Jours d'exil.

Par Cœur-de-Roi, publié à Londres et à Jersey.

### Trois lettres au journal l'Homme.

Par Cœur-de-Roi, imprimé à Londres par Thomas.

### Le Supplice.

Par Cahaigne, publié à Jersey, 15 pages in-32.

### A propos d'une polémique récente.

Par Talandier, et publié à Jersey, 10 pages in-8°.

### Le Deux-Décembre devant le Code pénal.

Par Marc Dufraisse, imprimé clandestinement à Bruxelles, 154 pages in-32.

### La Question révolutionnaire.

Par J. Dejacques, 64 pages in-32, imprimé à New-York.

### L'Ordinaire (5 numéros).

Un seul numéro a été imprimé clandestinement à Bruxelles chez Samuel.

### Discours de V. Hugo,

Prononcé le 27 septembre 1854 sur la tombe de Félix Bouy, imprimé à Jersey.

### La Question du lendemain (Contradictions).

Publié à Londres, 31 pages in-32, et imprimé clandestinement à Bruxelles.

### A la Bourgeoisie.

Imprimé à Bruxelles, 150 pages in-32.

### Lettre aux Proscrits.

Le comité de la commune révolutionnaire, Félix Pyat, Rougée, Jourdain, publié à Jersey, en 32 pages in-32.

### République universelle, démocratique et sociale.

Anniversaire de la révolution de 1848 à Jersey, publié à Jersey.

### Lettre aux Bonapartistes.

Moralité de l'alliance anglaise. Signé le comité de la commune révolutionnaire, imprimé à Jersey, 29 pages in-32.

### Le Mot d'ordre.

Imprimé clandestinement en Suisse, 16 pages in-32.

### V. Hugo a Louis Bonaparte.

Placard imprimé à Jersey et à Bruxelles.

## Aux Républicains.

Signé Kossuth, Ledru-Rollin, Mazzini, imprimé à Jersey, 12 pages in-32. Une autre édition a été imprimée clandestinement en Suisse, 16 pages in-32, et une autre à Bruxelles, 4 pages grand in-8°.

## Lettre a la reine d'Angleterre

Datée de Londres, 22 septembre 1855, signé le comité de la commune révolutionnaire, Félix Pyat, Rougée et Jourdain, imprimé à Londres, 24 pages in-32, à Lausanne, à Genève, 32 pages in-32; à Jersey, 15 pages in-32; à la Chaux-de-Fond, 29 pages in-32, et une seconde à Londres, 32 pages in-32.

## La Bourgeoisie et l'Empire.

Paris, septembre 1855, imprimé clandestinement à Bruxelles, 11 pages in-32.

## Observations sur une récente brochure de Kossuth.

Par L. Blanc, imprimé à Londres, 12 pages in-32.

## Déclaration de V. Hugo,

Au nom des proscrits de Jersey. Placard in-folio à 2 colonnes, imprimé à Jersey. Un autre imprimé à Bruxelles, 4 pages in-32.

### Agonie.

7 pages in-32, daté de Lyon 3 novembre 1855, imprimé clandestinement en Suisse.

### Le Lion et le Singe (fable).

Imprimé clandestinement à Genève, 4 pages in-12.

### Le Lendemain.

Londres, décembre 1855, imprimé clandestinement à Genève, 14 pages in-12.

---

## 1856.

### Réimpression a Bruxelles,

Dans un but de propagande, d'un ancien pamphlet : *Traité politique de Villiam Allen : Tuer un Tyran, n'est pas un meurtre*, 42 pages in-32.

### Chansons.

Par P. Lerouge, imprimé clandestinement à Genève, 16 pages in-32.

### Proscrits et Proscripteurs.

Imprimé clandestinement à Bruxelles, 27 pages in-32, et publié à Jersey.

### Funérailles du citoyen Faure.

Discours prononcé par Bianchi, imprimé à Jersey, 4 pages in-32.

### La nouvelle Sainte-Alliance.

Publié à Londres, 18 février 1856, et signé Ledru-Rollin. Édition incomplète, 15 pages in-16, publié à Bruxelles par Brismée, et une autre imprimée clandestinement à Bruxelles, 16 pages in-32.

### Lettre a Marianne.

Le Comité de la Commune révolutionnaire, Félix Pyat, Rougée, Jourdain. Imprimé à Londres, 8 pages in-16, et clandestinement à Bruxelles.

### Appel au Peuple Italien.

Signé V. Hugo, imprimé clandestinement à Mons.

### L'Empire de malheurs.

8 pages in-32.

### La Situation.

Macon, 25 juin 1856, imprimé clandestinement en Suisse.

### Lettre a M. Piétri.

Le Comité de la Commune révolutionnaire, imprimé à Londres.

### A M. Ponsard.

Par Étienne Arago, imprimé clandestinement à Genève.

### Chansons.

Par Pierre Lerouge (Desestivaux), 2ᵉ recueil, imprimé clandestinement à Genève, 16 pages in-32.

### Le Fou de Biarritz.

Par Étienne Arago, 2 pages in-18, imprimé à Genève, 1 page in-8°, imprimé à Londres.

### Chansons démocratiques.

32 pages in-32, imprimé à Londres.

LA RÉPUBLIQUE EXILÉE.

Revue démocratique; journal publié régulièrement à Londres par Bonnin.

UN DRAME SOUS LA TERREUR BONAPARTISTE.

Par V. Magen, 1 volume in-32, 115 pages, imprimé à Londres.

LE MONITEUR ET LES TRANSPORTÉS POLITIQUES DE CAYENNE.

2 pages in-32, Genève.

LE CHANT DU RÉVEIL.

Lithographié à Bruxelles.

---

1857.

L'EMPEREUR ET LE PÈRE NATAGEOT.

Londres, imprim. universelle, 30 pages in-32.

Pas d'abstention ; il faut voter.

Par Ledru-Rollin.

Obsèques de Paul Mongin.

Proscrit français, publié à Bruxelles par Verteneuil.

Une parole de l'exil.

Au nom de la Réunion des proscrits républicains, publié à Londres.

Discours de Ledru-Rollin.

Prononcé le 9 février 1857 sur la tombe de Stanislas Worcell, Londres, imprim. universelle.

Les prochaines élections en France.

Par L. Blanc, 20 février 1857, publié à Londres et à Bruxelles. Cet écrit a paru aussi sous le titre de : Lettre du citoyen L. Blanc aux Électeurs français, 8 pages grand in-32.

Lettre a S. E. le comte Walewski,

Ex-réfugié, etc. Le comité de la commune révolutionnaire, Londres, imprim. universelle, 31 pages in-32.

Anniversaire de la Révolution de 1848.

Discours prononcé par le citoyen Goupy à Jersey, 24 février 1857.

Aux Prolétaires.

Signé le comité de la commune révolutionnaire, Alexandre Besson, F. Pyat, Calandier, 12 pages in-32, Londres, imprim. universelle.

Citoyens.

Placard, in-12, imprimé sans nom ni lieu (en Suisse), daté de mai 1857 et invitant tous les démocrates socialistes à ne pas se présenter au scrutin.

Complot de M. Bonaparte contre Ledru-Rollin.

Publié à Bruxelles par G. Mascard, 2 pages in-12.

2$^{me}$ Écrit de Ledru-Rollin sur les Élections.

Commençant : L'ennemi est un, compacte, etc., imprimé clandestinement en Belgique.

## VIII

**Rapports de police sur la presse.**

Monsieur le Sénateur,

Avant de commencer la série des rapports hebdomadaires sur la situation de la presse, je dois vous dire à quel point se trouvent les choses.

J'ai été placé jusqu'ici dans une situation difficile. Je n'avais pas de ressources, je ne savais seulement pas quelles étaient celles du ministère, la liste des fonds secrets ne m'ayant pas été communiquée. Les bureaux étaient désorganisés. Mes nouveaux collaborateurs n'étaient pas encore nommés et les anciens se désintéressaient du service. Enfin et surtout l'existence du ministère étant mise en question, la nuance politique qui devait dominer restant indécise, il était impossible d'imprimer à la presse une direction quelconque sans risquer de créer des difficultés pour l'avenir.

Dans une seule circonstance on a pu avoir devant soi un but nettement défini : lorsqu'il s'agit de combattre les excès de la presse révolutionnaire et de tracer entre ses organes et ceux de la presse sérieuse une ligne de démarcation.

La campagne contre les journaux irréconciliables si vigoureusement, si unanimement conduite pendant un mois a paru spontanée. Elle fut provoquée par le ministère de l'intérieur avec une facilité qui prouve combien parfois les grands moyens sont inutiles. Je pourrais vous raconter les détails de cette campagne, qui vous intéresseraient.

Ceci posé, je vous demande la permission de passer en revue point par point, comme je le ferai chaque semaine, la situation de la presse.

### LES JOURNAUX OFFICIELS.

Le grand et le petit *Journal officiel*, le *Moniteur des Communes* sont complétement étrangers à mon service et je ne puis intervenir dans leur rédaction. Il y a pourtant là des instruments d'une grande puissance et dont on pourrait en certains cas user fort utilement. J'ajoute qu'à l'état d'extrême pénurie où nous nous trouvons la caisse du *Journal officiel* permettant de rétribuer largement certaines plumes, servirait puissamment les tentatives de recrutement du service de la presse.

### JOURNAUX DÉVOUÉS AU GOUVERNEMENT.

Le concours du *Peuple français* est absolument assuré. *La France*, la *Patrie*, le *Constitutionnel*, le jour où la politique du gouvernement sera bien arrêtée, la serviront fidèlement. Ils la serviront avec plus d'indépendance qu'ils ne le faisaient autrefois et sur certains points secondaires ils pourront critiquer les actes ou les tendances de l'Administration. Mais cette façon de servir est peut-être aujourd'hui la plus utile.

Aux journaux ci-dessus désignés je dois ajouter *le Soir*, feuille nouvelle et qui semble, grâce aux ressources financières dont elle dispose, appelée à prendre une certaine importance. Le rédacteur en chef de ce journal, M. Louis Outrebon, très-dévoué à l'Empire, fait en ce moment le terrain assez large pour pouvoir amener à lui des adversaires d'hier, dont il espère faire des amis de demain. Déjà il a sur mon conseil introduit M. Henri Fouquier, l'un des écrivains d'avenir de la jeune génération, autrefois rédacteur du *Courrier du Dimanche*, du *Journal de Paris*, etc., et dont les allures et la polémique sont bien différents de ce qu'elles étaient jadis. A côté de M. Henri Fouquier, écrit M. Valfrey, écrivain encore peu connu, mais d'un grand talent. M. Edmond About va se joindre à eux.

### JOURNAUX DOUTEUX.

*La Presse*, *le Moniteur*, *la Liberté*, sont des organes très-capricieux. Mais avec des efforts soutenus on peut compter les avoir pour auxiliaires dans toutes les circonstances importantes.

### JOURNAUX D'OPPOSITION CONSTITUTIONNELLE.

La déclaration dynastique du *Journal des Débats* a produit surtout en province et à l'étranger une très-grande impression. L'attitude quotidienne du journal ne semble pas en avoir subi une grande amélioration. De si vieilles traditions d'hostilité ne se perdent pas en un jour. Mais la porte est ouverte. C'est l'essentiel.

Le *Journal de Paris* traverse une crise, dont l'issue, je n'en doute pas, sera favorable. C'est là une situation particulière au courant de laquelle j'aurai soin de vous tenir par des notes spéciales.

La situation du *Siècle* tend également à se modifier. Les récentes nominations du gérant, M. Terré, du dernier membre du Conseil de surveillance, M. Tillot (élu par 70 voix contre 54) contre des candidats radicaux montrent chez les actionnaires un mécontentement très-vif de la ligne suivie depuis la mort de M. Havin. Ce mécontentement se traduira dans deux mois quand aura lieu la constitution définitive du journal. Les rédacteurs radicaux céderont alors la place à des écrivains plus modérés et la rédaction en chef sera confiée à M. Léon Plée. Tel est du moins l'espoir très-ferme de M. Sipierre, beau-frère de M. Gustave Chaix, le plus fort actionnaire du journal et qui a exercé dans le vote de la dernière assemblée générale une influence décisive. Dix actions du *Siècle* vont être vendues le 29 décembre. Elles représentent une voix qu'il serait bon de joindre à celles dont disposent M. Sipierre et ses amis. Je m'occupe de les faire acheter par un homme dévoué au Gouvernement.

*L'Avenir National* appartient à M. Pinart, directeur du comptoir d'Escompte. J'ai déjà plusieurs fois signalé cette situation singulière. Le jour où le ministre des finances voudra s'occuper sérieusement et avec suite de cette affaire, il pourra ramener l'*Avenir* sur un terrain plus modéré.

LES JOURNAUX IRRÉCONCILIABLES.

Quant à ceux-là, il n'y a rien à faire, que de les frapper, le jour où l'on aura dans les mains une nouvelle loi de presse.

Au moins en attendant devrait-on poursuivre avec une grande promptitude les feuilles qui, comme le *Père-Duchêne* paraissant sans timbre, sont en contravention flagrante. Cette feuille qui montre ce que serait la presse affranchie du timbre n'aurait pas dû avoir deux numéros. Le jour où le premier parut je le signalai immédiatement à l'attention du Garde des Sceaux, pour que la suppression eût lieu dès le lendemain. Mais malgré mes instances quotidiennes, les lenteurs de l'instruction permirent à cette feuille de paraître pendant sept jours.

A ce sujet je découvris un abus que je crois devoir vous signaler. Il m'eût semblé bon que l'action fût une action purement fiscale et que l'administration de l'enregistrement prît l'initiative de la poursuite, M. Roy me répondit qu'il avait dû renoncer à toute initiative en pareille matière, parce que, quand son action n'était pas précédée d'une action directe de la justice, c'était entre les mains de la partie poursuivie un argument auquel les tribunaux et souvent même le ministère public donnaient gain de cause.

Je trouve ce système très-regrettable. Je pense qu'il y aurait au contraire aujourd'hui un grand intérêt à ce que l'initiative des procès de presse parût le moins possible émaner de l'élément politique du ministère. Ainsi, je voudrais que toutes les fois qu'il y a contravention aux lois fiscales, la direction de l'enregistrement poursuivît d'office, après avoir pris toutefois l'avis du ministère de l'intérieur. J'irai plus loin. Toutes les fois qu'une administration, qu'un personnage public sont diffamés par la presse, j'estime qu'ils devraient intenter une poursuite en leur propre nom. En pareil cas les tribunaux hésiteraient beaucoup moins à frapper fort et l'impression produite serait toute différente.

Ainsi, à la suite des événements d'Aubin, le comte de Palikao et le corps qu'il commande furent grossièrement attaqués par le *Rappel*. Le comte de Palikao demanda au gouvernement de poursuivre. Pourquoi ne poursuivait-il lui-même?

Il y a quelques jours, je remarquais dans un article du *Réveil* trois lignes contenant, sur huit des plus hautes personnalités de l'empire, des imputations diffamatoires. Si huit procès eussent été intentés par les personnes outragées, le journal n'y eût peut-être pas résisté.

Je ferme cette longue parenthèse et je reviens à la situation des journaux irréconciliables. Leur influence semble s'émousser. Leur tirage n'est nullement en proportion avec leur crédit. Les débuts de la *Marseillaise* (à part le tirage absolument factice des premiers jours) s'annoncent mal. Ses lecteurs sont tous enlevés au *Rappel*, auquel cette concurrence fait un tort sérieux. La *Cloche* a complétement échoué. M. Lissagaray a dû laisser la *Réforme* en d'autres mains, qui ne la garderont pas longtemps, et regagne sa province.

En somme, hors du petit monde des fanatiques, cette presse sans nom produit aujourd'hui une impression infiniment moins vive qu'elle n'a produite au début.

## LA PETITE PRESSE.

Le *Figaro* continuera à ses jours et à sa manière. Sa petite manifestation orléaniste, qui n'était qu'une manœuvre stratégique, n'aura pas de suite. Le chroniqueur politique, M. Jules Richard, soutiendra le ministère dont on annonce la formation.

Le *Gaulois* est fortement porté à la critique. Son rédacteur en chef, M. Tarbé des Sablons, n'a pas d'opinion. Je le connais de longue date. Je l'ai bien sondé. Il n'y aurait qu'un seul moyen de le gagner : ce serait de faire aboutir la demande qu'il a déposée depuis longtemps, d'être autorisé à relever le titre de son grand-oncle, le comte Merlin.

Les petits journaux littéraires ne doivent pas être négligés. La *Petite Presse* et le *Petit Journal* représentent, à eux deux, un tirage de 700,000 exemplaires par jour ! Assurément ils ne peuvent pas faire directement de politique ; mais, par l'insertion de tel fait, l'omission de tel autre, ils peuvent à la longue exercer une influence que leur immense publicité et la nature toute spéciale de leur clientèle rend particulièrement intéressante.

Les directeurs de ces deux feuilles ne demandent qu'à prêter au gouvernement leur concours discret.

M. Millaud, directeur du *Petit Journal*, fait mieux. Il met le vaste réseau de ses succursales et ses vendeurs à la disposition du ministère pour propager une collection de petits livres anti-socialistes, à 20 centimes, qui se prépare en ce moment par nos soins.

## LES REVUES.

La nouvelle attitude de la *Revue des Deux-Mondes*, que faisait prévoir depuis quelque temps le langage très-conservateur de M. Buloz, est tout à fait digne de remarque.

La *Chronique*, rédigée par un écrivain que le gouvernement pourra bientôt compter comme l'un des siens, est très-significative.

Il n'a pas été difficile d'amener la *Revue contemporaine* à quitter son attitude hostile. Elle reprendra, à peu de chose près, celle qu'elle avait autrefois. Loin de s'en alarmer, le gouvernement devrait au contraire, selon moi, voir d'un bon œil l'édition mensuelle que son directeur va annexer à l'édition principale.

## LA PRESSE DÉPARTEMENTALE.

Le seul moyen d'action employé jusqu'à présent à son égard a été l'envoi de notes indiquant la ligne à suivre, et la reproduction, organisée sur une vaste échelle, des meilleurs articles des journaux de Paris.

L'extension des bénéfices des annonces judiciaires à beaucoup de feuilles qui en étaient jusqu'alors exclues, va mettre certaines des nôtres dans un embarras auquel il faudra nécessairement subvenir.

Un ancien journaliste de province, homme de grande intelligence, parcourt en ce moment les départements pour y jeter les bases d'un système très-pratiquement conçu et qui pourrait sensiblement modifier à notre profit les conditions de la presse départementale. Il profite de son voyage pour faire à mon intention une étude approfondie des journaux dévoués, de leur situation, de leurs besoins, etc.

Quant aux feuilles hostiles, on pourrait exercer une action sur elles par leurs correspondants, qui sont peu nombreux. Le moyen est celui que j'ai déjà indiqué et que j'indiquerai toujours comme le remède unique et souverain.

En attendant on pourrait du moins gagner les correspondants en leur fournissant des nouvelles qu'ils ne pourraient trouver ailleurs. J'avais organisé dans ce but un service de *reporters*. Chaque matin, un employé allait dans les divers ministères, à la préfecture de police, etc., chercher des informations. La moindre aurait eu pour moi sa valeur. Les diverses administrations s'y prêtèrent peu, et la moisson, qui pouvait être si abondante, est tellement maigre, que je serai forcé de renoncer à cet essai.

## PRESSE ÉTRANGÈRE.

J'ai *syndiqué* la presse anglaise dans les mains d'un homme fort intelligent, d'origine anglaise, ancien journaliste, qui reçoit les correspondants des feuilles anglaises et américaines et qui a déjà obtenu de sérieux résultats, comme vous pouvez vous en apercevoir chaque jour.

Dès que mes ressources me le permettront, j'emploierai le même procédé pour la presse allemande et la presse italienne. Mais ne serait-il pas de toute justice que le ministère des affaires étrangères supportât les frais de cette petite organisation?

(Pas de signature.)

## IX

**Le chien de l'Empereur et ses cigarettes.**

DÉCEMBRE 1867 N° 22

### NOTE DE NÉRO

Le 28 mai 1866.

Entrée de Néro pour coryza. . . } 8 journées.
Sortie — le 5 juin. . . . . . .

22 décembre 1866.

Entrée de Néro pour kyste mélicerique. } 48 journées.
Sortie — le 8 février . . . . .
Deux opérations . . . . . . .
    Ensemble 120 francs.

*Pour acquit,*
Bourre.

Paris, le 19 octobre 1867.

*Recue la some de 120 f le 6 decambre.*

6, RUE DE LA MICHODIÈRE.

### S. M. L'Empereur à Caudron.

| | | |
|---|---|---|
| *Le 1ᵉʳ février 1855 | 15,000 cigarettes . . . . | 100 |
| * » 3 mars » | 15,000 » . . . . | 100 |
| » 14 avril » | 15,000 » . . . . | 100 |
| » 1ᵉʳ juin » | 15,000 » . . . . | 100 |
| » 18 juillet » | 15,000 » . . . . | 100 |
| » 6 juillet » | 15,000 » . . . . | 100 |
| | | f. 600 |

Reçu à-compte f. 200

Paris, ce 6 septembre 1855.      F. CAUDRON.

*Pour acquit :*
Reçu quatre cents francs montant la note.
F. CAUDRON.

| | | |
|---|---|---|
| Le 18 octobre 1855 | Une boîte . . . . . . | 20 |
| » 26 » » | 1,500 cigarettes . . . . | 100 |
| » 10 décembʳᵉ » | 1,500 » . . . . | 100 |
| » 22 » » | 1,500 » . . . . | 100 |
| | | 320 |

Paris, le 22 décembre 1855.      *Pour acquit :*
F. CAUDRON.

| | | |
|---|---|---|
| Le 6 mars 1865 | 1,500 n° 2, Torrefies. . . | 100 |
| » 4 avril » | 1,500 id. id. . . . | 100 |
| » 24 avril » | 1,500 id. id. . . . | 100 |
| | | Total 300 |

*Pour acquit :* F. CAUDRON.

(\*) Les deux premiers mois sont rayés sur l'original, par suite de l'à-compte.

## X

**Portefeuille de l'Impératrice** (*en cuir jaune*).

---

NOTES AU CRAYON.

Salimos de Paris domingo 8 octobre.

Nous fûmes par le chemin de fer à Orléans, il y a 30 lieues, le trajet se fait en 4 heures moins 2 minutes.

Maison près de laquelle nous avons versé et où nous avons déjeuner, les fenêtres sont rouges et les bois lilas, le reste est blanc.

La ville s'appelle Pontoux. C'est dans la route de Bordeaux à Bayonne.

(13 octobre 1843.)

El 20 de octobre 1843 llegamos a Madrid despues de haber salido de Paris el 8 del mismo mes.

El 8 enero 1844. Grand jour, grand mois . (Effacé).

. . . . . . . . . . . . . .

Le 5 janvier 1844, le plus fatal de ma vie . (Effacé).

. . . . . . . . . . . . . .

Miss Flower-Comision. Lalla Rookh and the Irish Melodies of Tomas Moor et une papeterie.

Dictionaire et spagnol et anglais Neuman and Barett's. Le 14 avril.

Cabats — Passage Choiseul.

Rue du Coq — Baudry.

A la ville de Paris — macheter cols, étuits, sac brodé, une écharpe en barrége.

Notre-Dame-de-Paris.

Dessins : (deux blassons entrelacées, une couronne de duchesse), des épingles, une photographie de la mère, une prière en espagnol, une image aquarelle, trois peupliers, une croix au milieu, un cœur, une ancre, une couronne qui s'en vole et au bas : Souvenez-vous le 31 août.

## XI

**Élections de Paris 1869** (Rapport du préfet de police).

---

| | |
|---|---|
| CABINET<br>DU<br>PRÉFET DE POLICE. | Paris, le      186 . |

Après une étude attentive de la situation électorale des circonscriptions de la Seine, on a consigné dans les neuf cahiers ci-joints les résultats d'informations recueillies avec le plus grand soin. Chaque circonscription ayant sa physionomie distincte, il convenait de les examiner toutes successivement et de préciser, autant qu'il est permis de le faire, l'assiette du terrain électoral, les forces qui s'y disputeront le succès, les candidats qui vont entrer en compétition et leurs chances probables.

*Note relative aux prochaines élections législatives dans le département de la Seine.*

— 88 —

*Réserves nécessaires au sujet des appréciations consignées dans les notices relatives à chaque circonscription.*

Quelque soin que l'on ait apporté à ce travail, on ne saurait se dissimuler qu'il est nécessairement incomplet, et les prévisions qu'il exprime sont sujettes à bien des erreurs et risquent de ne pas être confirmées par les événements.

*Il ne s'est encore opéré qu'un travail électoral préparatoire.*

Si vive que soit déjà l'agitation des esprits, si actifs que soient les efforts des partis et bien que la période électorale soit, par le fait, ouverte depuis quelques mois, il ne s'est opéré en vue du scrutin qui s'approche qu'un travail préparatoire dont le résultat définitif n'est pas encore connu. Ce sera seulement après le décret convoquant les collèges, ce sera quelques jours avant le vote que la masse des citoyens prendra part à ce mouvement dont les meneurs ont seuls jusqu'ici donné le signal. On pourra alors déterminer les candidatures sérieuses et supputer avec quelque exactitude les forces qui les appuient.

Et ces forces elles-mêmes, le vote seul en déterminera l'importance respective, et à la veille du jour où il sera émis, on ne pourra que les préjuger d'une manière approximative.

*On a pris pour point de départ des prévisions électorales, les résultats au dernier scrutin.*

Jusque-là, pour se guider dans cet examen, on n'a pas de meilleur point de départ que le résultat du dernier scrutin. On en a rappelé les chiffres dans le travail qui accompagne cette note.

*Incertitude de ces données, surtout à Paris.*

S'il s'agissait de circonscriptions rurales, on pourrait ajouter une certaine foi à ces données qui remontent à six ans. A Paris elles offrent beaucoup moins de certitude. Des modifications profondes ont été apportées à la situation que déterminent ces chiffres.

*Modifications dans les circonscriptions.*

Les circonscriptions ont été remaniées par le décret qui, chaque cinq ans, doit en reviser la composition ; les quartiers qui les composent ont eux-mêmes subi des transformations considérables par suite de ces mouvements de population, qui ne sont nulle part aussi sensibles qu'à Paris, et par suite aussi de ces opérations qui transforment la capitale. D'un autre côté, l'esprit public a

*Travail qui s'est opéré dans les esprits.*

été très-profondément travaillé. Ce réveil des partis, ces excitations révolutionnaires, dont le contre-coup s'est fait sentir jusque dans les départements les plus paisibles, ont surtout produit leur effet à Paris, qui en a été le centre et le foyer. Des débats parlementaires passionnés, une presse qui, d'un seul bond, a passé de la réglementation sévère à la licence, des réunions publiques où se sont produites et où ont été applaudies des théories et des doctrines que l'on pourrait croire oubliées et vaincues, voilà les principales causes, on pourrait tout aussi justement dire, voilà les principaux effets de cet état nouveau de l'opinion. On est donc bien éloigné des conditions où s'accomplirent les élections générales de 1863, et ces élections, à Paris, ne donnèrent que des résultats négatifs pour le gouvernement. Victorieuse dans cinq colléges en 1857, l'opposition l'a été dans tous en 1863, et le nombre des suffrages gouvernementaux qui était de 112,016 à la première de ces dates n'était plus que de 82,106 à la seconde.

D'après cette rapide progression, que doit-on penser du scrutin de 1869 ? *Ce que l'on peut attendre du scrutin de 1869 à Paris.*

A une telle question on ne répondrait que d'une manière décourageante, si l'on s'en tenait aux calculs accoutumés et à ces leçons de l'expérience, qui apprennent qu'un premier succès de l'opposition lui prépare de plus complets et de plus faciles triomphes. *Causes de découragement et de défiance.*

Certes on n'est pas porté à se dissimuler ce qu'une telle perspective a de fondé et d'inquiétant; on a tout à prévoir et tout à craindre d'une population comme celle de Paris, livrée aux entraînements qui la dominent.

Mais n'est-il pas permis aussi de se dire que les idées conservatrices ont pu gagner quelque chose aux changements opérés dans l'état politique du pays, et l'ardeur même des sentiments révolutionnaires ne peut-elle pas fournir au gouvernement des moyens de préservation ? *Ce qui peut donner quelque confiance.*

Telle est aujourd'hui la seule espérance et l'unique res- *Réveil de l'esprit conservateur.*

source des amis de l'Empire, pour arrêter un mouvement qui peut être suivi d'une salutaire réaction.

En 1863, le pays commençait à oublier les périls que dix années avant courait la civilisation elle-même. Tranquille et prospère sous un gouvernement fort, il jouissait d'une sécurité et d'un repos qui, à Paris surtout, font naître promptement les idées de contrôle, de résistance et de libéralisme. A cette époque, il est permis de le dire, la grande masse de la population ne croyait pas qu'il fût possible d'ébranler le pouvoir, et l'on n'était pas fâché de lui *donner une leçon*. On voulait que la tribune législative eût un retentissement nouveau, et l'on envoyait à la Chambre des orateurs dont on admirait beaucoup plus le langage qu'on ne partageait toutes leurs idées. *Un peu d'opposition est utile*, répétait-on, *et d'ailleurs la province est là* qui fournira une majorité compacte.

C'est ainsi que l'on se laissa aller à suivre l'inspiration de quelques journaux, c'est ainsi que la bourgeoisie et le commerce votèrent avec les agitateurs des faubourgs, c'est ainsi que les intérêts conservateurs s'unirent aux aspirations démagogiques.

On ne crut pas risquer grand'chose et l'on suivit docilement le mot d'ordre donné par les trois ou quatre journaux qui, à eux seuls, faisaient l'opinion. D'un autre côté, un certain nombre de candidats du gouvernement étaient loin d'offrir cette surface que réclamaient les exigences nouvelles.

Il fallait déjà, il faut encore plus aujourd'hui des hommes considérables et considérés, à la parole prompte, à l'activité incessante, jouissant d'une popularité de bon aloi et pouvant faire figure au milieu des réunions électorales. Ces conditions n'étaient pas remplies par tous, et tous furent éliminés.

<small>Division des partis hostiles et des journaux.</small> Pour le scrutin qui se prépare, on doit chercher les éléments de succès dans le réveil du sentiment conservateur, dans la division des partis hostiles et des journaux

qui les représentent, dans le choix de candidats ralliant de chaudes sympathies.

Les réunions publiques ont fait incontestablement un certain mal, en excitant des appétits endormis ; elles ont produit un grand bien, en jetant une lueur sinistre sur les dangers que conjura, en 1851, une ferme et patriotique révolution, mais qui subsistent toujours. On sent aujourd'hui que, ce que l'on a le plus à craindre, ce n'est pas l'excès du pouvoir remis aux mains des gouvernants, mais bien plutôt le défaut de garanties et de défense contre la révolution. Les gens sages se montrent moins affolés de quelques abus plus ou moins réels de l'autorité, qu'ils ne le sont de ces passions déchaînées qui menacent l'ordre social lui-même. Les manifestes électoraux vont les révéler au grand jour. On ne poursuit plus la révision de lois plus ou moins rigoureuses; on ne demande même plus des changements constitutionnels, ce n'est plus la dynastie qui est seule menacée. *Radicalisme des manifestes électoraux en 1869.*

Les niveleurs veulent une liquidation générale, et ceux qui cherchent à leur complaire doivent, après avoir écrit sur la famille des pages onctueuses, accepter la réorganisation de la propriété et l'organisation du travail. En votant pour l'opposition, on ne donnera donc plus une *simple leçon* au pouvoir, on l'ébranlera, on préparera la voie à ces essais monstrueux que les courtisans d'une triste popularité flattent en les désapprouvant dans leur cœur.

En se multipliant, les journaux ont affaibli l'action respective de chacun d'eux. Au lieu de cette entente qui ressemblait à une conjuration, on a aujourd'hui les prétentions et les doctrines les plus contradictoires, et les feuilles radicales accomplissent vis-à-vis de certains candidats et avec un meilleur succès, l'œuvre que des feuilles officieuses pourraient poursuivre. Mais le concert peut s'établir entre les fractions les plus importantes des partis, et c'est pour conjurer leurs efforts coalisés que le gouvernement a besoin d'une grande prudence et d'une habile tactique; de cette manière seulement il tirera de *Multiplicité des journaux et affaiblissement de l'influence de chacun d'eux.*

*Réserve à observer en ce qui touche l'action de l'autorité.*

cette situation, très-difficile d'ailleurs, les avantages qu'elle peut comporter.

Et d'abord, l'action gouvernementale semble devoir être très-discrète et très-réservée. Pas de proclamations, pas d'affiches officielles, pas d'attaches administratives données à un nom quelconque. Que l'administration cache sa main, tout en multipliant ses efforts. Qu'elle suscite des comités libres, qu'elle facilite leur tâche, mais qu'elle ne paraisse pas les diriger.

*Nécessité de grouper et de retenir les nombreux électeurs qui doivent au gouvernement leur concours.*

Que cependant le lien hiérarchique soit fortifié dans chaque service, que l'on s'applique à prévenir le scandale qui eut lieu en 1863, la plupart des fonctionnaires ayant, en très-grande majorité, voté pour l'opposition. Les employés supérieurs ont donné un exemple que leurs subalternes et que les simples agents ont suivi.

Il serait bien nécessaire qu'en 1869, ces défections fussent prévenues et que l'on pût au moins compter sur le dévouement du nombreux personnel qui doit au gouvernement son concours.

*Il y avait lieu de concentrer les efforts conservateurs sur des circonscriptions bien choisies.*

Ainsi fortifiée, l'action de l'autorité devrait se concentrer sur quelques circonscriptions où le succès est moins douteux. Elle porterait sur celles-ci des efforts qui seraient perdus dans les autres. C'est ainsi que l'on pourrait se borner aux 2$^e$, 3$^e$, 6$^e$, 8$^e$ et 9$^e$ circonscriptions, dont la situation est présentée dans les cahiers ci-joints avec des détails circonstanciés.

*Choix des candidats à appuyer.*

Quant au choix des candidats, on n'ajoutera ici aucune observation particulière et l'on se bornera à renvoyer aux notices concernant chaque collége, en insistant sur la nécessité de ne pas s'attacher exclusivement aux nuances et d'appuyer, quelles que puissent être d'ailleurs ses tendances, quiconque, ayant des chances sérieuses, accepte franchement la dynastie et voit dans le maintien de la Constitution la véritable sauvegarde de l'ordre public.

## XII

**Lettres de littérateurs.**

---

### N° 1.

Sire, je désire d'abord que Votre Majesté soit bien convaincue que je ne lui écris jamais que dans un intérêt de nationalité ou d'art. Je lui avais parlé du livre que j'étais sur le point de publier, et en s'abonnant au journal, Sa Majesté a donné la preuve qu'elle approuvait, je ne dirai pas l'œuvre, mais du moins l'esprit dans lequel elle était écrite.

Aujourd'hui une députation, que je viens de recevoir, soulève une question plus grave, une question de vie ou de mort pour 300 artistes.

Sa Majesté a accordé le titre de *Théâtre du Prince*

*impérial*, je sais qu'elle le regrette, à un nouveau cirque. La salle a été mal faite, les pièces d'ouverture mal choisies, la troupe bimane sacrifiée aux quadrumanes et aux quadrupèdes. Bref, le théâtre a fermé, mais il n'a pas fait faillite. L'honneur est sauf.

M. Augé en est resté propriétaire. Il lui reste une trentaine de mille francs, avec lesquels il peut faire disparaître les principales défectuosités de la salle. Mais pas un sou pour monter une pièce !

C'est lui qui m'a amené la députation chez moi.

Voulez-vous, Sire, prendre en pitié 300 pauvres artistes, employés, musiciens, comparses, et qui sans Votre Majesté mourront de faim ? Voulez-vous soutenir un théâtre spécial qui, au moment de l'exposition, reproduira quelques-uns des beaux faits de notre histoire ?

Sire, je me charge de faire et de monter, moyennant 30 ou 40,000 francs, une pièce à grande mise en scène (mise en scène dans laquelle les 30 ou 40,000 francs bien entendu seront dépensés), soit sur la république, soit sur l'empire, et cela dans le sentiment national que j'ai eu l'honneur d'exprimer à Votre Majesté dans ma dernière lettre. Sa Majesté la viendra voir, et si elle est contente, elle fera accorder à cet Odéon du peuple une subvention de 100,000 francs.

Ce théâtre, Sire, c'est la littérature, je dirai plus, c'est l'*opinion* du peuple des faubourgs. Sire, veuillez tenter ce dernier essai, pour rendre la vie à un trépassé, dont la mort est fatale et la vie utile. Chargez-moi de lui dire, au nom de César : *Lazare, lève-toi!* et il se lèvera, digne de la France et de vous.

Maintenant, Sire, que Votre Majesté apprécie ; mais je puis répondre que ma science de la mise en scène, mon patriotisme et ma bonne volonté, secondés des 30 ou 40,000 francs de Votre Majesté, feront merveille.

Je suis convaincu que si je vous les demandais pour moi, Sire, en récompense de la longue lutte littéraire que j'ai soutenue, vous me les accorderiez. Accordez-les au théâtre qui porte le nom de votre fils, et cela leur portera bonheur à tous deux.

J'ai l'honneur d'être, avec respect, de l'auteur de *César*, le très-humble confrère,

AL. DUMAS.

25 novembre 1865.

Mon cher conseiller,

Merci de votre bon empressement à m'aviser de ce qui s'est fait. Mais, très-cher, ce n'est pas l'envoi de ma demande au maréchal Vaillant qu'il me fallait, c'était l'auguste recommandation directe dont j'avais besoin. Le directeur du Théâtre-Français est un hugolâtre qui personnifie en lui la décadence du grand art national. L'empire, c'est la floraison du grand et non du mesquin.

Comme cela se pratique aujourd'hui, Melpomène est proscrite, il n'y a que la volonté souveraine, comme du temps du grand homme, qui puisse ramener l'art sur la voie nationale des Corneille.

Que nous sommes petits maintenant! que c'était beau sous Napoléon le recréateur!

L'*Agamemnon*, de Lemercier, le *Templier*, de Renouard, l'*Hector*, de Luce de Lencival, élevaient la tragédie au niveau du riche empire. Sous les Bourbons, le mouvement donné continua. On eut les *Vêpres siciliennes*, de Delavigne, la *Clitemnestre*, de Soumet, notre *Fête de Néron*, le *Léonidas*, de Pichat, la *Fille du Cid*...... C'était le temps du beau, du noble, du grand, de l'héroïque.

Aujourd'hui, le théâtre ne travaille que pour la bourgeoisie mercantile, le prosaïsme domine.

Mes *Mexicains* sont une sorte de résurrection protestant contre le vulgaire en action.

Espérons donc un appui du chef de la grande nation.

S'en rapporter à un maréchal, c'est mal ferrer Pégase. Soit à la grâce de Dieu qui, lui, pousse de haut les idées humaines !

A vous cordialement,

L. BELMONTET.

On va reprendre la *Belle-Hélène* aux Variétés. Voilà la beauté de l'art qu'on prostitue, et les grands du monde ont été voir cette ignominie du temps. Le grand Napoléon écrivait de Tilsitt à l'impératrice Joséphine, pour lui défendre d'aller aux petites pièces faites pour des femmes de chambre; le Théâtre-Français était seul digne de la présence impériale, disait-il. Le grand homme eût chassé du temple les scènes adultérines de la *Laide Hélène*, le laid et le beau de notre époque ! O Apollon ! ô Racine ! ô divin Corneille ! voilez-vous.

Je vous fais cadeau d'un portrait qui vous plaira, celui de l'Empereur, capitaine d'artillerie suisse, 1833. La reine Hortense me le donna.

J'en ai fait tirer des épreuves.

N° 2.

Sire,

Après une longue carrière littéraire, qui n'a pas été sans éclat, toute mon ambition serait d'être nommé bibliothécaire ou lecteur de Votre Majesté.

Votre Majesté Impériale avait daigné en 1848, m'honorer de sa protection, mais alors un de ses ministres n'en a pas tenu compte.

Oserais-je espérer que, dans sa bienveillance, Votre Majesté Impériale se souviendra de moi?

Je suis, avec le plus profond respect,
 Sire,
  De Votre Majesté,
Le très-humble, très-obéissant et très-dévoué serviteur,

*Signé :* Paul Lacroix,

Bibliophile Jacob,

Chevalier de la Légion d'honneur,
Membre de la Commission des monuments historiques.

15 janvier 1853.

N° 3.

———

Monsieur,

Je crois pouvoir réclamer votre puissante intervention pour que mon nom soit mis sous les yeux de Sa Majesté Impériale.

J'aspire à être nommé lecteur de l'Empereur.

Mon dévouement à la personne de Sa Majesté porte une date assez ancienne, que vous n'aurez pas oubliée. Je suis fier d'avoir été récompensé de ce dévouement par plusieurs lettres autographes, dans lesquelles l'Empereur a daigné me témoigner sa bienveillance.

J'ai attendu le glorieux avénement de Napoléon III, pour solliciter l'honneur d'être placé dans sa maison.

Je suis sûr que Sa Majesté Impériale daignera m'honorer de son choix, si vous voulez bien me rappeler seulement à son souvenir.

J'ose espérer que mes antécédents à l'égard de la cause impériale, mon caractère, mon nom littéraire, vous paraîtront dignes de mériter votre recommandation et votre appui.

J'ai l'honneur d'être, Monsieur, avec respect,

Votre très-humble et très-obéissant serviteur,

*Signé :* Paul Lacroix,
(Bibliophile Jacob),
47, rue des Martyrs.

6 janvier 1853.

N° 4.

———

*A Sa Majesté l'Empereur.*

Sire,

Je viens me jeter aux pieds de Votre Majesté.

Je suis un homme ruiné, si la résolution, prise par M. le Ministre d'État à l'égard de la *Tour de Nesle*, est maintenue.

Je suis ruiné, Sire, parce que, confiant dans les promesses les plus positives, émanées de sources assez hautes pour m'inspirer toute sécurité, j'ai perdu un mois à remonter cet ouvrage, et qu'aujourd'hui, je me trouve en face de dépenses considérables devenues inutiles, et d'un vide dans mon répertoire que je n'ai ni le temps, ni la possibilité de combler.

Je vous en conjure, Sire, détournez de moi ce désastre.

La *Tour de Nesle* n'est pas un danger public.

On a demandé aux auteurs de nombreuses coupures. Ils les ont faites, et, s'il le faut, ils en feront encore.

La Commission de censure, régulièrement saisie par Son Excellence, a présenté un rapport des plus favorables.

M. le chef du bureau des théâtres y a joint une note dans le même sens.

La *Tour de Nesle*, qui compte plus de 600 représentations à Paris, n'est pas de l'histoire, — c'est une légende ; — elle échappe, par l'excès même de sa violence tragique, à l'effet d'un drame ordinaire. C'est une de ces tempêtes de l'art, dont le grandiose seul a de l'intérêt. Les personnages y ont des proportions extra-humaines qui les rejettent dans le domaine des Œdipe, des Hamlet, des Myrrha, des Médée ; — enfin, Sire, cette pièce n'a jamais cessé d'être jouée dans les départements.

Sire, — j'en appelle à votre justice souveraine. Il y va de la vie ou de la mort d'un des principaux théâtres de Paris, — à la tête duquel se trouve un homme qui a donné de fréquentes marques de son dévouement à l'Empire et à l'Empereur. Cet homme est désespéré, Sire, et n'a plus rien à attendre que de votre inépuisable bonté.

J'implore donc votre décision, Sire, avec une dernière lueur d'espérance, — heureux encore dans mon malheur, puisque c'est une occasion pour moi de me dire, de Votre Majesté,

  Sire,

    Le plus humble et le plus obéissant serviteur,

        *Signé* : Marc Fournier,

         Directeur de la Porte-Saint-Martin

THÉOPHILE SILVESTRE,

Rappelant qu'il avait été autorisé à transformer le journal *le Nain Jaune* en feuille politique et que la chute de ce journal entraîna sa ruine,

Sollicite de la munificence de l'Empereur une somme de dix mille francs qui le libérerait entièrement,

Et une subvention littéraire de 500 francs par mois qui lui permettrait d'achever d'importants travaux : L'*Histoire de la révolution de 1848* et l'*Histoire de l'Art en Europe au* XIX*e siècle*, qui ne seront pas, pense-t-il, sans influence sur l'opinion publique.

M. THÉLIN.

Mille francs par mois d'abord (*ce dernier mot raturé*) pendant un an.

**Lettres de Théophile Silvestre**

Paris, 20 janvier 1865.

Mon cher ami,

J'ai été déclaré hier en faillite.
Il fallait trahir ou tomber.
J'ai préféré tomber.

Votre tout dévoué et bien reconnaissant,

Théophile Silvestre.

Paris, 16 janvier 1867.

Monsieur le Trésorier,

J'ai reçu la lettre que vous m'avez fait l'honneur de m'écrire aujourd'hui et le billet de banque de mille francs y joint, comme premier à-compte mensuel de la somme de douze mille francs que l'Empereur a daigné m'allouer sur les fonds de sa cassette particulière.

Je vous prie, Monsieur le Trésorier, de vouloir bien agréer mes remercîments empressés pour votre obligeance et le témoignage de ma haute considération.

THÉOPHILE SILVESTRE,
30, quai de l'École.

Monsieur Ch. Thélin, trésorier de la cassette particulière de l'Empereur.

CABINET
DE
L'EMPEREUR.

ARRIVÉE
le 13 décembre 1866.

Paris, 10 décembre 1866.

*A Sa Majesté l'Empereur.*

Sire,

Votre Majesté connaît mon nom. Elle a daigné, une fois, me donner audience. L'un des amis les plus chers du sénateur Piétri, j'ai eu l'honneur, à plusieurs reprises, d'être l'objet de l'attention et de la bonté de Votre Majesté, mon auguste abonné du *Nain Jaune*, il y a deux ans.

J'avais reçu l'autorisation de transformer cette feuille en journal politique.

Le *Nain Jaune* sombra.

Le privilége politique de cette publication me restant comme une propriété, je refusai de le vendre, dans la déroute de mes affaires, n'étant pas sûr de la fidélité d'un successeur. J'achevais ainsi ma propre ruine, afin que le drapeau qui m'était confié ne tombât en aucun cas dans des mains ennemies.

Ma situation présente est très-difficile, très-dure.

Je supplie Votre Majesté de venir au secours d'un serviteur dévoué, fidèle au devoir.

Une somme de dix mille francs affranchirait ma personne;

Une subvention littéraire de 500 francs par mois me

permettrait de continuer et de finir d'importants travaux, commencés sous votre protection, et qui agiront vigoureusement, j'en suis sûr, sur l'opinion publique : l'*Histoire de la révolution de* 1848 et l'*Histoire de l'Art en Europe*, XIX<sup>e</sup> *siècle*.

Daignez agréer,
Sire,
l'hommage du plus profond respect avec lequel j'ai l'honneur d'être,
de Votre Majesté,
Le très-humble, très-obéissant et très-fidèle sujet,

THÉOPHILE SILVESTRE,
23, rue Beuret,
Paris-Vaugirard.

Paris, mardi 3 décembre 1867.

Monsieur et bien cher préfet,

Vous aviez on ne peut plus raison, hier soir, en me disant d'ajouter deux lignes précises d'en-cas à la note pour l'Empereur, mais je croyais l'aiguille de la pendule sur 7 heures.

Ayez la bonté de dire ceci à Franceschini, et mieux que moi :

1° Dans le cas où M. le préfet de la Seine ne pourrait ou ne voudrait me nommer *historiographe de la ville de Paris* ou bien *conservateur du musée municipal* de l'hôtel Carnavalet, il devient indispensable, et *présentement*, de demander à l'Empereur une allocation personnelle de fonds pour l'exécution du travail qui lui est soumis. Dès le mois de décembre 1857, l'auteur resterait, autrement, avec une besogne énorme sur les bras, sans position et sans aucun subside.

2° Il y aurait encore une autre solution possible :

L'Empereur voudrait-il me nommer, sans caractère officiel (?), *historiographe de l'Empire?* L'ancienne monarchie eut toujours un et même plusieurs historiographes pensionnés. Leur charge, comme vous le savez, consistait à écrire les campagnes, les voyages, les entrevues, les fêtes, les épisodes les plus saillants de chaque règne, parfois le règne tout entier.

J'avais l'honneur de vous dire, hier soir, en passant, que les annales de l'Empire sont abandonnés aux pamphlétaires, les porte-voix des rancunes de toute l'Europe.

Après l'histoire de la Révolution, je me chargerais bien, si Dieu me prête vie et pain, de faire et de publier chaque année, un petit volume exact et sain des *Annales de l'Empire*, qui serait un *communiqué* général et condensé. Plus un compte rendu des Chambres à ma façon.

M. Mocquard avait goûté cette idée de moi. Mais il se contenta de me donner son approbation. C'est toute ma fortune. Il n'y a pas à craindre pour elle le socialisme ou les voleurs.

Tous mes respects et tout mon dévouement,

THÉOPHILE SILVESTRE.

Paris, 26 janvier 1870.

*A Monsieur Conti, chef du cabinet de l'Empereur.*

Monsieur,

J'ai eu l'honneur, le 10 décembre dernier, d'adresser à l'Empereur une requête, remise entre vos mains par Sa Majesté.

Ignorant encore le sort qui lui est réservé, permettez-moi, Monsieur, de vous le demander avec confiance, en vous priant de vouloir bien agréer l'assurance de ma très-haute considération.

Théophile Silvestre,
30, quai du Louvre.

Paris, 6 novembre 1868.
30, quai de l'École.

Cher ami,

M. le Préfet, qui, d'un mot et d'un sourire, sait aller au fond des choses, m'a rappelé ainsi très-expressivement votre impatience, qu'il partage, quant au travail historique que vous savez. C'est vous dire à quel point je suis anxieux et pressé de vous contenter pleinement, vous êtes, et très-haut, mon garant.

Vous aviez pensé, comme moi, qu'il vaut mieux faire paraître un volume à la fois que de livrer un à un des chapitres disjoints à la publicité et à la polémique. Aussi, au lieu de m'attacher à parfaire telle et telle partie de l'œuvre, ai-je distribué mon temps et mon application sur toutes : la presse, la tribune, les clubs, les banquets, les complots, les émeutes, en vue d'un enchaînement logique et d'une ferme conclusion.

Je n'ai pas pu, jusqu'à présent, vous envoyer des esquisses ou des embryons d'histoire, qu'il faut au moins faire viables et bien constitués ; mais vous recevrez dans un mois, à partir de ce jour, une partie finie. En attendant cela, vous aurez, dans la huitaine, le prospect général de l'œuvre. L'Empereur, j'en suis sûr, verrait là d'un coup d'œil la portée de l'idée et toutes les difficultés préalables de l'auteur.

Croyez-moi toujours, mon cher Piétri, votre fidèle et tout dévoué,

THÉOPHILE SILVESTRE.

Ce vendredi 30 mars 1866.

Cher Monsieur,

Voici une pétition à l'Empereur à laquelle je m'intéresse, c'est celle dont M. Maury vous a bien voulu parler. Elle est de l'helléniste M. Dubner, lequel, Allemand naturalisé et depuis plus de trente ans travaillant en France à de savantes éditions, livré à de pures études de philologie et de grammaire, est dans les conditions des érudits, de tous temps favorisés et protégés par les gouvernements. M. Hase l'avait pour lieutenant, mais à la différence de M. Hase, il n'a rien, ni des honneurs académiques, ni des munificences de l'État, il vient aujourd'hui solliciter l'Empereur. J'ai désiré que sa pétition ne se perdît point dans la foule, et pour cela j'ai pensé à vous, à votre parfaite bienveillance ; s'il était possible que l'Empereur, qui sait certainement le nom de M. Dubner, adressât quelques questions sur son genre de mérite aux personnes obligeantes et compétentes qui sont près de lui, par exemple à M. Maury ou à vous, ce serait, ce me semble, une grande chance de succès pour la demande de ce digne savant.

Veuillez, cher Monsieur, m'excuser d'en agir avec vous si familièrement, . . . . . . . prévenir au passé, et agréez l'expression de mes sentiments de haute considération et de dévouement.

SAINTE-BEUVE.

## XIII

**Lettre trouvée parmi des papiers relatifs à la politique intérieure et extérieure et précieusement conservée.**

---

*A Sa Majesté l'Empereur des Français.*

Sire,

Permettez-moi la liberté que je prends pour avoir l'honneur de vous citer un fait qui vous intéresse.

Par un calcul cabalistique, j'ai su que S. M. l'Impératrice, votre auguste épouse, s'accouchera jeudi 13 de ce mois, de deux enfants jumeaux, dont un de chaque sexe. Le mâle règnera : son étoile brille.

En attendant cet heureux événement, je fais des vœux et

des prières à Dieu tout-puissant, afin qu'il accorde à notre Auguste Impératrice une prompte et heureuse délivrance. Amen. Qu'ils soient bénis.

Veuillez, je vous prie, Sire, faire part à temps de ce qui précède au docteur-accoucheur et n'en rien dire à S. M. l'Impératrice.

J'ai l'honneur d'être
De Votre Majesté, Sire,
Le très-humble et dévoué serviteur.

JOSEPH MALKA, rabbin,

6, rue Saint-Jacques, à Marseille.

Marseille, le 11 mars 1856.

## XIV

Chantilly, le 6 novembre 1852.

Mon cher colonel,

Je ne saurais trop vous remercier de la proposition que vous voulez bien me faire. J'y reconnais beaucoup plus l'obligeance de votre bon souvenir et l'illusion de votre amitié que les titres que je puis avoir à une si flatteuse initiative de votre part et de celle de M. le directeur des études. Mais vous avez prédit ma réponse en disant que c'était là pour moi *une question délicate;* — si délicate, mon cher colonel, que le premier mouvement de mon cœur et de mon esprit, après la gratitude pour votre généreuse démarche, c'est de me refuser absolument à l'honneur et au bien que vous auriez l'intention de me faire.

Mais j'ai aussi mes raisons; elles sont sérieuses. Mettez les choses au mieux, et supposez que je suis *le premier* sur la liste des candidats : il y faut l'agrément du ministre de la guerre. Passe encore s'il prononçait tout seul, sur une question non moins délicate pour lui que pour moi, quoique d'une autre manière ; — s'il décidait seul, j'ai quelque raison de penser que l'ancien secrétaire des commandements de Mgr le duc d'Aumale ne trouverait pas d'opposition auprès de lui, pour un emploi purement littéraire et sans aucune attache politique ; — mais c'est le croire bien peu ministre du régime actuel que de supposer qu'il ne consultera pas sur la question de placer un orléaniste aussi peu déguisé que je le suis dans une grande école de l'État, soit le conseil des ministres, soit le président. Agréé par eux, je deviens leur obligé ; j'obtiens une faveur du gouvernement, je suis lié, dans une certaine mesure, à sa fortune. Eh bien, mon cher colonel, si ma conscience ne me disait pas, avec énergie, que je ne dois pas accepter un lien de cette nature, le lieu d'où je vous écris et où je ne resterai plus que le temps de la proscription, et la spoliation de la maison d'Orléans m'y laissent ce lieu historique qui, dans quelques jours, va devenir entre les mains d'un nouvel acquéreur une simple ferme à produire de l'argent à tout prix, — ce lieu me dit qu'entre les faveurs du gouvernement et moi, si humble que je puisse être, il y a l'abîme qu'une indigne persécution a causé. Je n'ajoute rien de plus. Votre bienveillant souvenir m'a profondément touché. J'aime mieux finir par cette assurance et aussi, mon cher colonel, par celle de mon plus affectueux dévouement.

CUVILLIER-FLEURY.

## XV

**Lettres complètes de l'Impératrice** (voyage en Égypte).

---

YACHT IMPÉRIAL L'AIGLE.

Venise.

Mon bien cher Louis, enfin j'ai vu! cette ville du silence, où tout semble glisser, il me faudrait bien du temps pour rendre compte de tous les sentiments divers que j'ai éprouvé depuis mon départ de Saint-Cloud. J'avais en partant le cœur bien gros!! car je vous laissais tous deux après moi, puis avec une rapidité incroyable nous avons été transportés au Mont-Cenis. Là j'ai poussé mon premier cri d'admiration, cette fois il ne m'était pas arraché par l'ouvrage de Dieu mais des hommes, l'hardiesse de l'idée, et l'exécution (effrayante même au point de vue de la durée de l'entreprise) car elle ne doit exister que deux ans, véritable œuvre américaine faite pour un jour, malheur à ceux qui arriveront juste au jour de l'usure car elle est faite pour son temps et pas plus, mais c'est beau et je suis dans l'admiration, je n'ai absolument rien vu du reste de l'Italie, la nuit était noire aux environs de Majenta on avait illuminé le monument, je me suis arrêtée pour déposer un bouquet sur la tombe de nos soldats ou pour mieux dire dans la chapelle qui renferme leurs restes, il y avait beaucoup de monde, et à la lumière des torches, c'était presque fantastique, et dans tous les cas bien émotionant précisément par sa simplicité.

Depuis mon arrivée et malgré *mon incognito* je ne fais que recevoir, un peu au milieu des embarras d'une arrivée je vois décidément que la plus grande illusion c'est de rêver qu'on puisse ailleurs que dans une île déserte être complettement tranquille, ma lettre se ressent de ce va et vient qui fait que je suis obligée de la laisser à chaque instant et j'ai de la peine à reprendre le fil là où je l'ai laissé. Je serai pourtant tout à fait heureux si vous étiez tous deux avec moi car tout m'interesse ce que je vois, et ce que je vais voir, et si on ne quittait pas ceux qu'on aime, les voyages seraient un bien grand plaisir pour tous.

Je t'embrasse bien tendrement soigne toi et pense combien ta santé est précieuse pour tous, et chère pour moi.

Ta toute devouée,

Eugénie.

YACHT IMPÉRIAL L'AIGLE.

En mer route sur Alexandrie.

Mon bien cher ami,

Nous avons eu une bien pénible émotion au moment de partir de Constantinople, la pauvre Marie Adam, malade depuis quelques jours mais qui ne présentait aucune gravité a été prise à bord d'une fièvre typhoïde où elle avait été transportée au moment du départ, sans doute malgré les précautions, la fatigue a causé des ravages car nous l'avons *vu* passer 24 heures entre la vie et la mort, je crois qu'à présent elle est sauvée si rien ne vient compliquer sa situation, je t'assure que c'était bien triste de voir cet enfant presque agoniser et se trouver sans prêtre, tous les canons tiraient sur les bâtiments et sur les ports, et à chaque coup nous croyons que c'était sa fin, car elle sautait d'un pied sur le lit.

En passant les Dardannelles, les Turcs se sont trompés et ont tiré un coup à boulet qui a passé si près, que tous ces messieurs l'ont entendu passer.

Sans le triste incident de la maladie de Marie, notre séjour à Constantinople ne nous laissait que des souvenirs charmants.

La mer aussi nous est propice et semble un grand lac

ce qui est bien heureux pour la malade je suis très-fatiguée mais bien portante car nous n'avons pas beaucoup dormi pendant ces deux nuits dernières je compte sur le Nil pour me reposer.

Je t'embrasse ainsi que Louis tendrement.

Eugénie.

YACHT IMPÉRIAL L'AIGLE.

En mer.

Mon bien cher ami nous n'arriverons que demain un peu tard à Constantinople à cause de la mer, mais comme je veux profiter du départ du courrier, je t'écris en mer, malgré les coups de tangage qui gênent un peu mon écriture, à Athènes, le Roi et la Reine ont été charmants, mais hélas mon incognito ne m'a préservée ni du dîner ni des présentations, ni des corvées de l'officiel, mais j'ai pris mon parti et je n'espère plus que dans l'Égypte pour retrouver ce myte après lequel je cours toujours, et qui s'appelle *liberté pour nous*.

D'après ta dépêche tu dois être aujourd'hui à Compiègne, j'en suis charmée pour toi et pour Louis, car il me semble que tu te plairas plus qu'à Saint-Cloud, et je suis plus tranquille.

Par ta dépêche j'apprend le jour que tu désigne pour mon retour. Je partirai donc directement de Port-Saïd après l'inauguration sans m'arrêter autrement que pour faire du charbon.

J'ai *écri* hier d'Athènes mais j'apprends par les officiers qu'elle te parviendra après celle-ci quoique écrite quelques heures après, parce que la voie directe est plus courte.

J'ai appris aussi par ta dépêche le voyage de l'Empereur d'Autriche, il faut avouer qu'on est un peu mouton de Panurge, et que toute la chretienneté va emboiter le pas pour aller voir le *Commandeur des croyans.*

Soigne toi bien, amuse toi, pense quelque fois à ta

Toute dévouée,

Eugénie.

Pirée, le 10 octobre 1869.

Mon très-cher ami nous arrivons à l'instant au Pirée, après une traversée assez rude dans l'Adriatique, et malheureusement nous n'avons pas de moyen de communication puisque le télégraphe est brisé. Je suis bien tourmentée de cet incident, mais à Constantinople je trouverai j'espère de bonnes nouvelles, à moins que demain, ils puissent l'arranger, ce dont je doute un peu. Je crains encore ici comme à Venise qu'on me laisse pas avoir mon incognito, et pourtant *j'y tenais beaucoup* d'autant que rien n'est fatiguant comme toutes ces fêtes. Toute idée du pays disparait et prend un air Godillo insupportable comme dans nos voyages officiels en France.

L'*Aigle* est un admirable navire, par une très mauvaise mer pour d'autres bateaux, nous avons filé une moyenne de 10 nœuds, *vent de bout*, de façon à pouvoir nous reposer cette nuit dans le port. Nous avons eu dans l'Adriatique un *Bora* (c'est un coup de vent), ces dames excepté M<sup>me</sup> de la Poeze, et moi ont eu toutes le mal de mer. J'apprends à l'instant que le télégraphe est rétabli, et j'ai envoyé une dépêche à Paris, pour ma lettre je prends la voie autrichienne pour envoyer mon courrier.

Je t'embrasse de tout mon cœur ainsi que Louis je te prie de lui donner de mes nouvelles.

Ta toute dévouée,

Eugénie.

Palais impérial
DE
BEYLERBEY.

Constantinople, le 16 octobre 1869.

Mon bien cher ami,

Je suis dans l'admiration de Constantinople, on n'en dit pas assez, Venise m'avait déjà bien plu, mais c'est *une ruine*, il faut vivre dans le passé pour créer à sa fantaisie ces anciens palais que le temps et les vicissitudes politiques ont détruit, mais ici c'est tout autre chose, la nature a été merveilleuse, et l'art a jeté à profusion des palais sans nombre, avec un luxe, dont nous autres habitants occidentaux, nous n'avons aucune idée, je n'entre pas dans les considérations morales. Je ne fais que vivre par les yeux, et comme idée consolante j'accepte cette espèce de réveil qui fait qu'on sent la nécessité de marcher, de là je fais découler la conséquence d'une prospérité *publique à venir*. Mais que de belles choses !! La population est très empressée sur mon passage pour ne pas choquer leurs préjugés, nous allons toutes les femmes ensemble, ils ont été sensibles à cette attention. Je voudrais avoir 20 ans pour mieux sentir toutes les beautés qui m'environnent, car j'ai beau faire, l'enthousiasme a besoin du printemps pour ne pas être ridicule.

Du reste quand on a déjà souffert dans la vie on trouve toujours au fond du cœur une pensée triste qui *jète* son ombre sur tout ce qui est resplendissant ; enfin jouir sans inquiétude est jouir cent fois, et hélas je n'en suis pas là. Je voudrais bien si tu n'en as pas besoin garder Davillier lui seul Clary et Hepp font ce qu'il faut faire et sans eux je serais bien gênée, bien entendu son service avant tout, et ce n'est que dans le cas où il te fut possible de me le laisser que je t'en serai bien reconnaissante, car il m'est fort utile pour tout, bien entendu il n'en sait rien, car je veux avant de lui en parler savoir si c'est possible. Répond moi par le télégraphe.

Le temps est splendide, j'ai cru devoir rester un jour de plus parce que j'ai su qu'ils voulaient me demander d'en rester deux, et j'ai pensé qu'il était plus aimable d'en offrir un que d'en marchander deux. Je t'embrasse bien tendrement si tu étais avec moi combien je *serai* heureuse !

Ta toute dévouée,

EUGÉNIE.

Constantinople, 17 octobre 1869.

Mon très-cher ami,

J'ai encore le temps de profiter du courrier de Constantinople, de mercredi, pour te rendre compte de la journée d'aujourd'hui, fort fatiguante mais aussi intéressante à bien des titres. J'ai été à l'église arménienne, entendre la messe, et de là à l'ambassade de France où j'ai reçu les ordres religieux, qui sont sous le protectorat de la France, et les notables du commerce français. Leur député m'a fait un discours auquel j'ai répondu tremblante comme une feuille de saule, la population m'a fait un accueil *incroyable*. Turcs et Occidentaux ont fait de leur mieux.

Les femmes turques ont l'air de vouloir jetter leurs *yasmak* par-dessus les moulins, mais j'espère qu'elles les garderont encore. Il faut d'autres générations à qui l'éducation puisse donner un frein contre la liberté, pour que l'extrême licence ne vienne pas au bout.

Pauvre Metternik je crois qu'il a à faire avec un fou, car il est impossible que la multiplicité des correspondances ne l'absorbent pas ; à moins qu'elle ne soit pire qu'une fille ce que je ne puis croire. Dans tous les cas on ne jette pas de la boue à pleines mains sur la mère de ses enfants sans avoir la tête malade.

Je t'embrasse tendrement, Louis m'a écrit une ravissante lettre.

Ta toute dévouée,

EUGÉNIE.

Le Caire, 23 octobre 1869.

Mon très-cher ami,

Merci de ta bonne lettre. Je suis heureuse, tu le sais, quand tu approuves ce que je fais, et tu peux être sûr que tous mes efforts sont toujours portés à te faire le plus grand nombre d'amis possible.

Le dîner du roi m'a bien amusée, *car il a été d'un galant à te faire dresser les cheveux.* Je ne sais si la personne d'un tiers l'a gêné pour me faire des confidences politiques; mais, dans tous les cas, pas les autres!... Enfin, j'ai fait de mon mieux pour lui plaire, et je te ferai bien rire en rentrant et en te racontant mon entrevue.

Ce que tu me dis sur ta santé m'ennuie, mais ne m'effraie pas, parce que je sais que c'est long à revenir à la santé. Soigne-toi, je t'en prie. Songe combien, non-seulement ta vie, mais ta santé est utile à tous et à notre enfant surtout. Je me préoccupe beaucoup de la tournure de l'esprit public chez nous. Dieu veuille que tout se passe tranquillement et sagement, sans folie d'un côté et sans coup de l'autre, et que l'ordre sera maintenu sans user de la force, car le lendemain de la *victoire* est souvent difficile, plus difficile que la veille. Mais de loin je suis mauvais juge des événements.

Tu devrais parler à l'amiral du commandant de Surville; celui-ci ne m'a pas parlé, mais les officiers de son bord en ont parlé à ces messieurs. Il paraît que dernièrement M. Jauréguiberry aurait passé contre-amiral, étant moins ancien que le commandant de Surville; ceci lui aurait fait beaucoup de peine. Mais je te répète, il ne m'en a pas soufflé mot. Comme le ministre est très-ombrageux, tu ferais bien de prendre des ménagements avec lui. Je ne puis te donner mes impressions de voyage. J'ai trouvé chez tous et partout le désir bien vif de nous être agréable et de tout faire pour cela.

Le Caire a conservé son ancien cachet, pour moi moins nouveau que pour ces dames, car cela me rappelle l'Espagne, les danses, la musique sont identiques.

Nous allons ce soir à un mariage, qui doit avoir lieu chez la mère du Kédive. Hier soir, nous avons assisté aux prières des derviches; c'est inconcevable qu'on puisse se mettre dans un pareil état, cela m'a causé une grande impression.

Les danses dans le harem sont celles des bohémiennes d'Espagne, plus *indécentes* peut-être! Aujourd'hui je suis restée tranquille pour me reposer, car je suis très-fatiguée, mais très-intéressée par tout ce que je vois. On ne dirait jamais que nous avons en si peu de temps fait tant de chemin et visité tant de pays divers. Je fais collection de souvenirs, et je te raconterai cela au coin du feu.

L'idée de Louis m'a bien amusée, et je suis curieuse de savoir *s'il fera sa liste* et ce qu'en dira le G$^{al}$???. Dans sa lettre, il me dit que tu vas chasser à courre, mais je suppose qu'il prend son désir pour une réalité.

Donnez-moi des nouvelles de MM. de Montebello et Moskowa, et crois à la tendre affection que j'ai pour toi.

Ta toute dévouée,

EUGÉNIE.

Sur le Nil, à bord de l'*Impératrice*
27 octobre 1869.

Mon bien cher Louis,

Je t'écris en route sur Aponan' sur le Nil. Te dire que nous avons frais ne serait absolument pas la vérité, mais la chaleur est fort supportable, car il y a de l'air; mais au soleil, c'est autre chose! D'ailleurs, par télégraphe, je te dis l'état de l'atmosphère. J'ai de tes nouvelles et celles de Louis tous les jours par télégraphe, c'est merveilleux et bien doux pour moi, puisque je suis toujours tenue à la rive amie par ce fil qui me rattache à toutes mes affections.

Je suis dans le ravissement de notre charmant voyage et je voudrais t'en faire la description, mais tant d'autres plus savants et plus charmants conteurs que moi ont entrepris cette œuvre, qu'il me semble que dans l'admiration muette je dois m'enfermer. J'étais bien tourmenté de la journée de hier et de te savoir à Paris sans moi, mais tout s'est bien passé, à ce que je vois par ta dépêche. Quand on voit les autres peuples, on juge et apprécie bien plus l'injustice du nôtre. Je pense malgré tout qu'il faut ne pas se décourager et marcher dans la voie que tu as inaugurée, la bonne foi dans les concessions données, comme du reste tu le penses et dis, est une bonne chose. J'espère donc que ton discours sera dans ce sens, plus on aura besoin de force plus tard et plus il est nécessaire de prouver au pays qu'on a des *idées* et non des *expédients*. Je suis bien loin et bien ignorante des choses depuis mon départ pour parler ainsi, mais je suis entièrement convaincue que la suite dans les idées c'est la véritable force;

je n'aime pas les coups, et je suis persuadée qu'on ne fait pas deux fois dans le même règne un coup d'État. Je parle à tort et à travers, car je prêche un converti qui en sait plus long que moi. Mais il faut bien dire quelque chose, ne fut-ce que pour prouver ce que tu sais, que mon cœur est près de vous deux, et si dans les jours de calme mon esprit vagabond aime à se promener dans les espaces, c'est près de vous deux que j'aime à être dans les jours de soucis et d'inquiétudes. Loin des hommes et des choses, on respire un calme qui fait du bien, et par un effort d'imagination, je me figure que tout va bien puisque je ne sais rien.

Amuses-toi, je crois indispensable la distraction; il faut se refaire un moral comme on se refait une constitution affaiblie, et une idée constante finit par user le cerveau le mieux organisé. J'en ai fait l'expérience, et de tout ce qui dans ma vie a terni les belles couleurs de mes illusions, je ne veux plus en entretenir le souvenir, ma vie est finie, mais je revis dans mon fils et je crois que ce sont les vraies joies celles qui traverseront son cœur pour venir au mien.

En attendant, je jouis de mon voyage, des couchés de soleil de cette nature sauvage, entrevue sur les rives dans une longueur de 50 mètres, et derrière le désert avec les dunes, et le tout éclairé par un soleil ardent.

Au revoir, et crois à l'amitié de

Ta toute dévouée,

Eugénie.

Le 14 novembre.

Mon très-cher ami,

J'ai le cœur gros d'être loin aujourd'hui, c'est, je crois, pour la première fois que cela m'arrive depuis mon mariage, mais comme au fond je trouve plutôt un sentiment de tristesse qu'autre chose à renouveler en anniversaires si chers aux enfants, je tâche de le passer inaperçu. L'équipage seul a un dîner que j'ai fait venir de terre, et ils dansent. C'est bon de voir la joie de ceux que la privation rend si facile à amuser.

Comme je te l'ai écrit, la coïncidence de nos dépêches me prouve une fois de plus que souvent nos esprits se rencontrent dans les appréciations des choses. Je vais donc à présent, tout en allant pas à Paris pour l'ouverture, éviter aussi qu'on dise que j'ai fait l'école buissonnière par pure fantaisie, je sens que quoique je fasse il y a un écueil pour moi dont on tirera parti pour me critiquer. J'ai reçu aujourd'hui nos nationaux du consulat; j'ai été fort bien reçue par eux et par tous les curieux de la rue; j'ai parlé à tous, et ils étaient peut-être plus de cent vingt, c'est une peine qui pourtant a son utilité et dont nous recueillerons les fruits. Je vais être bien tourmentée et bien anxieuse la journée du 29. N'oublie pas, par un mot, de me rassurer. Je n'écris pas à Louis parce qu'il ne me répond pas, ce que je trouve bien mal de sa part. Nous partons demain 15, après l'arrivée du courrier pour avoir nos lettres et les dépêches télégraphiques, avant de prendre la mer, malheureusement il y a un coup de vent assez fort, ce qui me force à envoyer par terre toutes les personnes qui souffrent du vrai mal de mer. Si nous n'étions à la limite pour l'inauguration je ne partirais pas, car ce n'est pas précisément agréable de rouler comme un ton ton menu sans être positivement malade.

Un simple matelot m'a fait des vers charmants pour ma fête, je n'ai pas le temps de les copier et je ne veux pas me désaisir de l'original, c'est pour cela que je ne les envoi pas. Je te demande pardon des deux pâtés, mais je ne puis recommencer et c'est dans ce moment que je viens de le faire. Je suis obligée, pour profiter du courrier, de laisser ma lettre ici avant de partir demain pour Port-Saïd. J'avoue qu'autant je me suis plu dans la Haute-Égypte, autant les fêtes me sont insupportables et m'ennuient.

Embrasse le méchant Louis pour moi et dis-lui que je l'aime tendrement.

Ta toute dévouée,

EUGÉNIE.

# XVI

**Chansons trouvées dans les papiers.**

(Sur propos des séjours et des fêtes à Biarritz.)

---

## PARTI DE FONTARABIE.

*Larifla.*

Aujourd'hui vendredi
A une heure et demie ;
Rendez-vous à une heure
Sur le port des pêcheurs.
    Larifla, larifla, fla, fla !

De cet ordre en retard
Qui vous prévient qu'on part,

L'exécution pour vous
C'est, débrouillez-vous...
    Larifla, etc.


Deux marins très-prudents
Songeant à leurs enfants
Laissent leurs femmes s'embarquer
Et courir des dangers.
    Larifla, etc.


Si nous perdons nos femmes,
Que Dieu sauve leurs âmes,
Pourvu que nos bambins
Ne soient pas orphelins.
    Larifla, etc.


Selafina, l'amiral,
De mer craignant le mal,
Dit : Moi, j' suis général,
Il faut que je monte à cheval.
    Larifla, etc.


Un officier de terre,
Sujet au mal de mer,
Avant que le clairon sonne,
S'est sauvé à Bayonne.
    Larifla, etc.


Passons les accidents
De notre embarquement :
Nous voilà partis
Tous pour Fontarabie.
    Larifla, etc.

Soudain l'orage gronde,
Le vent soulève l'onde.
Le commandant s'écrie :
Ouvrez vos parapluies.
    Larifla, etc.


Toutes les autorités
Nous attendent sur la jetée ;
La foule empressée
Manque de nous écraser.
    Larifla, etc.


Au son d'une musique
Assez fantastique
Nous tournons ces remparts
Criblés de part en part.
    Larifla, etc.


Dans une posada
On prend le chocolat
Que l' gentil Thérésa
Promptement fabriqua.
    Larifla, etc.


Puis le temps menaçant
Et le ciel se couvrant
A six heures sonnant
Se fait l' r'embarquement.
    Larifla, etc.


Rien à mettre sous la dent,
Car le beau Pélican
Ne s'est pas percé le flanc
Pour nourrir ses enfants.
    Larifla, etc.

Sitôt appareillé
On commence à rouler,
Ce qui ôte la gaieté
De six dames invitées.
    Larifla, etc.

De notre souveraine,
La figure est sereine ;
Elle brave les éléments
Et navigue en chantant.
    Larifla, etc.

Une marquise blonde
Dit que même sur l'onde
Un chasseur avec art
Peut lancer un renard.
    Larifla, etc.

Sur une main auguste
Qui lui soutient le buste
Soudain elle se penche
Et dit : Gare l'avalanche.
    Larifla, etc.

La fragile Adrienne,
Avant qu'on la soutienne,
Sur le pont est tombée
Et ne s'est rien cassé.
    Larifla, etc.

Ah ! quel patatras !
Qu'est-ce donc que cela?
C'est la princesse Anna
Et M$^{me}$ Waleska.
    Larifla, etc.

Mme de la Bédoyère
Est étendue par terre ;
On lui offre un coussin
Et elle ne répond rien.
  Larifla, etc.


En mémoire de la flotte,
La ravissante Clotte
Dédaigne les petits bateaux
Et préfère un vaisseau.
  Larifla, etc.


La marquise Marie,
Un peu abasourdie,
Sent la première douleur
Qui ait atteint son cœur.
  Larifla, etc.


Que Dieu me le pardonne,
A la mer je le donne ;
Il était à Camille,
Ça ne sort pas de la famille.
  Larifla, etc.


De tous les passagers
Qu'on avait embarqués,
Les plus entreprenants
Sont les petits Rolands.
  Larifla, etc.


Rendez grâce à l'Empereur,
Il est votre sauveur,
Sur ce petit coin de l'onde,
Comme il le fut du monde.
  Larifla, etc.

Mais voici qu'on arrive
Un peu à la dérive,
Les cœurs soulagés
Demandent à dîner.
    Larifla, etc.


Mais, hélas ! on apprend
Que tout en s'inquiétant
Mocquart et Tascher
L'ont à moitié mangé,
    Larifla, etc.


La morale de l'histoire,
C'est que nous avons l'espoir
Que cette première partie
D'autres sera suivie.
    Larifla, etc.


Biarritz, 17 septembre 1858.

## AUTRE CHANSON.

On nous avait chantés
A l'impériale villa,
C'était encourager
Les présents Larifla.
    Larifla (*bis*).


Primo nous bannissons
Les *doux*, les *beaux*, les bons,
Et nous nous attaquons
A grands coups de canon.
    Larifla, etc.


Et pour bien commencer,
Tombons dessus Tascher,
Qui nous laisse écorcher
Avant que de crier
    Larifla, etc.


Quant à M. Favé,
Rimeur fort distingué,
Il aiguise ses é
A la pointe de l'épée.
    Larifla, etc.


Qui se moque avec art,
Oui c'est Monsieur Mocquart;
Il se met à l'écart
Pour mieux lancer son dard.
    Larifla, etc.

Un savant praticien
Y met aussi du sien :
Aux unes des compliments,
Aux autres des ingrédients.
    Larifla, etc.


Il est un prince charmant,
Trop avare de son chant,
Qui met en belle musique
Les vers de nos critiques.
    Larifla, etc.


Nous allons tâcher
De peindre Émile Tascher;
Aux logis des Tascher,
C'est le plus attaché.
    Larifla, etc.


Montons sur nos grands chevaux
Pour chanter *Facetaira*.
Il court de belle en belle
Et reste entre deux selles.
    Larifla, etc.


Madame de Montebello,
Malgré sa peur de l'eau,
Va présenter son dos
A la fureur des flots.
    Larifla, etc.


De ce bain fortifiant
Elle revient grelottant
Et dit en s'étirant :
Ah! que c'est fatigant!
    Larifla, etc.

Mais soudain Waleski
Lui rapporte de Vichy
Des petits caramels
Qui font de l'effet sur elle.
    Larifla, etc.


Dans cette *grande bataille*,
Je distingue Starvieïli ;
Au fort de la mitraille
Apparaît son mari.
    Larifla, etc.


Il apporte sa branche ;
Déposons tous nos lances
Et chantons en cadence
Notre reconnaissance.
    Larifla, etc.


Car de vos invités
Les humbles invités
Ne sauraient trop chanter
Les gracieuses bontés.
    Larifla, etc.

VILLA MÉDICIS

et MANON MONCHAU

*Collaborateurs.*

Biarritz, ce 9 septembre 1858.

# XVII

**Lettre à l'Empereur de M. de La Pierre,
ami et correspondant du duc de Morny.**

---

M. de la Pierre,
DÉCORÉ
DE LA CROIX D'OFFICIER.

Affaires étrangères.

Mexico, le 11 mai 1865.

*A Sa Majesté l'Empereur Napoléon III.*

Sire,

La mort de M. le duc de Morny, en faisant perdre à Votre Majesté un dévouement et une intelligence sur lesquels Elle pouvait compter, m'enlève un appui, et, pourquoi ne le dirais-je pas? une haute bienveillance qui m'était précieuse. En présence des regrets et de la douleur dont l'Empereur a honoré la mémoire du protecteur que j'ai perdu, il ne me sied pas de parler des miens, bien qu'ils soient profonds et sincères : trois années d'une correspondance non interrompue, uniquement inspirée par le désir d'être utile, m'avaient acquis l'estime et l'intérêt de l'homme d'État, avaient permis à l'homme privé de se former sur mon caractère une opinion, dont les témoignages me soutenaient au milieu des luttes et des pénibles épreuves que j'ai traversées depuis trois ans et demi pour le service de Votre Majesté. Ces témoignages ont été ma seule récompense jusqu'à présent ; je n'en ai sollicité ni fait solliciter aucune autre.

Si le chef que Votre Majesté m'avait donné, le général Almonte a cru devoir demander pour moi la croix d'officier de la Légion d'honneur, à titre de colonel au service mexicain, c'est que je venais d'être ici l'objet d'une injurieuse expulsion, provoquée par les ennemis de Votre Majesté, et que l'on a prétendu la motiver en flétrissant mes services et ma mission. Le seul moyen de leur rendre le caractère honorable, qu'ils n'ont pas cessé d'avoir, était d'obtenir de Votre Majesté une marque irrécusable, authentique, de son estime, et le général Almonte l'a demandée alors proportionnée à mes travaux, à l'importance des services que j'avais rendus près de lui à l'œuvre difficile que le Grand Cordon de la Légion d'honneur avait récompensé pour lui-même. Quant à moi, tout en désirant ardemment cette récompense, la seule à laquelle je puisse prétendre, satisfait de ne rien négliger pour la mériter, j'aurais attendu sans impatience que Votre Majesté daignât se souvenir que je la sers sans défaillance, sans interruption, au Mexique depuis novembre 1861. Je me borne donc respectueusement à remettre à sa justice le soin de replacer mon caractère au-dessus d'attaques uniquement provoquées par mon dévouement éprouvé à sa personne et aux intérêts de mon pays.

La mort de M. le duc de Morny fait, en outre, que je ne sais plus à qui je dois adresser les appréciations politiques et militaires que je lui écrivais à destination de Votre Majesté. Sauf la note ci-jointe, résumant la situation présente telle que j'ai le regret de la voir, je m'abstiendrai donc, jusqu'à ce que Votre Majesté daigne me faire savoir si je dois les continuer et, dans ce cas, par qui je dois les faire parvenir.

Je prie l'Empereur de croire à la respectueuse et tendre reconnaissance, avec laquelle je suis,

Sire,

De Votre Majesté, le très-humble, très-obéissant et très-fidèle serviteur et sujet,

V<sup>te</sup> E.-H. DE LA PIERRE,

Attaché au corps expéditionnaire du Mexique.
Département des affaires étrangères.

Corps expéditionnaire
DU
MEXIQUE.

NOTE N° 1.

Mexico, le 11 mai 1865.

Il y a peu de chose à ajouter aux appréciations contenues dans les lettres adressées depuis les six derniers mois à M. le duc de Morny ; la situation annoncée est aujourd'hui un fait accompli, les résultats auxquels conduisait le chemin pris et obstinément suivi par S. M. Mexicaine depuis son arrivée sont réalisés. En ce qui la concerne, les voici résumés : Au lieu de la popularité, du prestige, qu'on lui avait faits, alors qu'il était inconnu, l'empereur Maximilien est aujourd'hui un objet d'exécration pour les uns, ceux qui l'avaient appelés, de dérision pour les autres, ceux qui le repoussaient et le repoussent encore, dont quelques-uns semblent le servir pour mieux le perdre.

La solution donnée à la question des biens du clergé, tout en n'atteignant pas le but proposé, n'a pas seulement exaspéré les deux partis : elle blesse les plus simples lois du sens commun, et, au lieu de débrouiller cet écheveau, bien moins emmêlé alors qu'il ne semblait l'être, acheva d'en faire un réseau inextricable de difficultés insolubles, de contradictions insensées. On ne retira pas de ces biens le vingtième de ce qu'on pouvait encore en sortir aisément, et il faudra renoncer au reste, par suite de l'impossibilité manifeste d'exécuter la loi de révision. En outre la confirmation pure et simple des lois de Juarez, chaos non moins confus de dispositions rétroactives, contradictoires, dans lesquelles le bon sens n'est pas moins offensé que la justice, je dis la justice pour les droits des simples citoyens que ces lois violent à chaque pas, cette confirmation complète l'œuvre; et ce serait à n'y rien comprendre, si l'on ignorait quels intérêts personnels ont dicté les conseils par malheur suivis par S. M. Mexicaine, dont le côté brillant n'est pas la connaissance des hommes.

Quant à l'œuvre informe, inopportune, publiée sous le titre de *Statut Impérial*, comme il suffit de la lire, je m'abstiens de toute appréciation.

Le plus grave pour nous est que, grâce à l'aveugle obstination de l'empereur Maximilien, le pays tout entier est remis aux mains des partisans de Juarez, à ce point que notre propre sécurité me semble compromise : préfets, receveurs des rentes, commandants des forces militaires et rurales, tout est dans les mains de gens qui, depuis le ministre jusqu'au dernier alcade de village, font ouvertement profession d'être nos ennemis. On a semé activement les matières inflammables dans tout le pays depuis un an : vienne une étincelle, du dedans ou du dehors, un coup de canon yankee, par exemple, sur la frontière, et nous serons 25,000 Français, disséminés depuis les confins de Chihuahua jusqu'à ceux de Chiapas. Dire que nous serons en grand péril, que nous y sommes déjà, c'est dire qu'il fait jour en plein midi, surtout en présence des événements du Nord-Amérique, la mort du président Lincoln et la soumission du Sud.

Bien que je n'aie pas vu le maréchal depuis quelque temps, je doute que ses appréciations s'écartent beaucoup des miennes. J'ignore s'il croit utile de réclamer des renforts, en présence de la situation pleine d'éventualités menaçantes où nous avons été amenés par les fautes accumulées de l'empereur Maximilien, par l'hostilité indécemment notoire de tout ce qui l'entoure, appelé par lui, de tout ce qui lui donne des conseils écoutés.

Je sais qu'une armée double de valeur alors qu'elle a dans son chef une confiance absolue, et ici les troupes y joignent une affection très-réelle pour le maréchal. Néanmoins il y a des questions de nombre, des questions pour ainsi dire brutalement matérielles, qu'on ne peut impunément négliger. En face de la situation actuelle, je crois qu'il y aurait prudence, ma pensée entière est qu'il y a nécessité urgente, à prendre deux graves mesures : 1° exiger formellement de S. M. Mexicaine un changement radical de politique, ce qui ne veut pas dire se jeter dans les bras du parti clérical, mais bien sortir des mains des Puros et se placer à ce qu'en France nous aurions appelé le centre droit ; 2° porter immédiatement à 45 mille combattants réels l'effectif du corps expéditionnaire.

Ces deux mesures que me semble impérieusement réclamer l'état du pays, je les indique en dehors des complications ultérieures qu'amènerait une guerre avec les Yankees. Cette nécessité, selon moi visible à présent pour tous, est le résultat, je ne saurais trop le dire, de la marche suivie depuis un an par l'empereur Maximilien. La position pouvait et devait être tout autre. On peut encore aujourd'hui le sauver, du moins je le crois et je l'espère. Mais, sans guerre extérieure, rien qu'à persévérer six mois encore dans son étrange aveuglement, il n'y aura plus moyen de le maintenir. Je le dis à regret, je sais qu'on risque de déplaire en montrant le côté triste des évenements ; mais si cette note doit être la dernière d'une longue correspondance, du moins j'aurai loyalement et sincèrement dit la vérité tant qu'on m'en aura laissé le pouvoir, plus désireux d'être utile et de servir que de toute autre chose.

Vicomte E. H. de la Pierre,

Attaché au Corps expéditionnaire du Mexique. — Affaires étrangères.

Mexico, le 10 mars 1865.

Monsieur le Duc,

Après s'être formellement avancé à me remettre la note que ma dernière lettre vous annonçait, la peur a pris M. Laur et, au lieu de cette note, j'ai reçu la lettre ci-jointe, et encore à l'heure où, désespérant de rien voir arriver et le courrier me pressant, j'avais dû me résigner et faire partir ma correspondance.

De l'explication que j'ai eue dès le lendemain matin avec M. Laur, il résulte ceci : Le travail complet qu'il m'avait promis, que réclamait ma lettre, à laquelle il répond, en spécifiant chaque détail, il n'ose le livrer sans un ordre de son ministère. Mais les détails contenus dans ma dernière lettre, ceux que j'y vais joindre tout à l'heure, sont plus que suffisants pour justifier une décision prise. M. Laur ignore que Votre Excellence est la personne à laquelle je soumets cette affaire, il m'a donc tenu le langage suivant : « Ce travail complet, comme vous me le
» demandez, comme je m'étais laissé entraîner à vous le
» promettre, peut, si je vous le confie sans ordre, com-
» promettre toute ma carrière et donner des armes contre
» moi à une personne qui déjà, et je ne suis pas le seul,
» m'a témoigné peu de bienveillance dans une occasion
» à peu près semblable, à propos d'un rapport demandé
» par le général Bazaine et envoyé par lui à l'Empereur,
» qui l'a fait insérer *in extenso* au *Moniteur*, mais sans
» l'avoir fait passer par mon département. J'ai reçu à
» cette occasion une lettre fort dure, sinon précisément
» une menace, du moins un avertissement. Vous com-

» prendrez dès lors que je regrette une promesse et vous
» prie de me la rendre. Au surplus il y a moyen de tour-
» ner la difficulté : A propos des affaires dont est chargé
» ici M. Daste, on m'a déjà fait demander par le minis-
» tère un rapport que j'ai fourni : que la personne avec
» laquelle vous traitez me fasse demander un rapport sur
» la situation du minéral de Guanajuato au point de vue
» de son exploitation, et ce rapport contiendra tous les
» détails que vous me demandez. Mais du reste vous avez
» déjà, tant par moi que par les renseignements que vous
» avez eus vous-même, plus qu'il n'en faut pour démon-
» trer avec la dernière évidence l'énormité des produits
» à tirer de cette affaire. Si vous le croyez utile, et comme
» garantie à donner de suite de ma confiance absolue
» dans le résultat, je m'engage vis-à-vis de vous, et vous
» autorise à le dire, à me charger de toute l'exécution, à
» y rester six, huit ans, jusqu'à ce que j'aie formé mon
» successeur, à la seule condition de ne pas quitter le
» corps des mines, à la condition qu'on me placera dans
» une situation analogue à celle des ingénieurs des ponts
» et chaussées attachés et détachés dans les chemins de
» fer et conservant leurs droits et leur ancienneté dans
» leur corps. »

La note ci-jointe achève, comme le dit M. Laur, de donner à toute l'affaire un caractère d'évidence complète et suffisant pour prendre une décision dès aujourd'hui. Votre Excellence n'ignore pas qu'il a été question autrefois pour l'Empereur d'acquérir des mines en Californie, notamment dans le district de Mariposa. *L'affaire actuelle conviendrait mieux à S. M.*, ce me semble, d'abord pour la discrétion, le secret se trouvant renfermé entre trois personnes, chose qui n'a pas eu lieu pour les acquisitions de Californie dont on a parlé, même en France et publiquement, et en second lieu par le caractère de certitude, l'absence de toute chance aléatoire, et enfin l'énormité du produit par rapport au capital engagé. Le capital divisé en 1,200 actions *au porteur*, de 5,000 piastres chacune, suffirait à faire disparaître la personnalité de S. M. et celle de Votre Excellence. C'est une idée que je vous soumets, Monsieur le Duc, sans y insister davantage, ne tenant pas à m'immiscer là où je ne suis point appelé. Mais comme après cette affaire, si vous la faites, il y en a trois autres de la même importance, offrant la même sécurité, comme les quatre affaires n'exigeraient pas en tout un capital de plus de trois millions de piastres et donneraient, je le prouverai, un produit annuel de plus de quatre millions de piastres; comme leur réalisation amène des conséquences politiques d'une haute importance, il m'a semblé qu'elles pouvaient mériter l'attention même d'un souverain, que vous pouviez dès lors les mettre à exécution avec son concours, au lieu de faire appel au public ou à un établissement de crédit, — au fond c'est identique, — et je vous soumets ma pensée; vous en jugerez à votre pleine et entière volonté.

Je n'ai rien de nouveau à vous mander comme politique, Monsieur le Duc, je vous confirme simplement les graves informations contenues dans ma dernière lettre. Le général Bazaine les a reçues également par une autre voie et j'ai lieu de croire qu'il prend même des dispositions militaires en vue des éventualités menaçantes qui peuvent se présenter, dispositions secrètes, bien entendu, mais dont je pense qu'il rend compte à l'Empereur par ce courrier.

En présence de la désaffection générale qui grandit chaque jour, voyant le plan de Doblado s'exécuter de point en point, grâce à l'étrange aveuglement de S. M. Mexicaine, à l'obstination mise par Elle à n'écouter que les gens qui la trahissent, à conserver dans ses conseils une influence prépondérante au Belge Eloin, dont tout le mérite consiste à exécrer l'Empereur et les Français et qui l'a témoigné jusqu'au scandale, en un mot à voir de près ce qui se passe ici, on ne peut se défendre d'être inquiet, et l'optimisme qui, paraît-il, règne à Paris, comme au palais de Mexico, ne peut suffire à rassurer les gens qui, touchant les choses du doigt, ayant des certitudes, ont une opinion toute contraire. A la grâce de Dieu. J'ai fait dans mon humble sphère ce que j'ai pu, et, bien que j'en aie été peu récompensé, que j'aie été au contraire cruellement maltraité ici, durement abandonné là-bas, mon plus grand regret sera encore de n'avoir pas été aussi utile que je l'aurais voulu. La vérité n'est pas toujours bonne pour celui qui la dit, ni utile pour celui auquel on l'adresse, je le savais et la redirai encore au besoin pour le passé, et ne me lasserai pas de la dire tant que j'en aurai les moyens.

Il me reste à renouveler à Votre Excellence, Monsieur le Duc, l'expression de mon respectueux attachement.

Vicomte E. H. de la Pierre.

Deuxième note (mines de Guanajuato).

La production des mines de Guanajuato est actuellement de 4,959,727 piastres d'argent.

Et de 453,041 piastres d'or; ensemble or et argent, une somme de 5,412,768 piastres.

Ces chiffres ont été relevés à la monnaie de Guanajuato et sont la moyenne prise sur l'argent frappé dans les cinq dernières années. Je les ai pris à la source officielle. La production est néanmoins plus considérable, la contrebande exportant beaucoup d'argent non frappé. On n'a pas cru devoir tenir compte de ce surcroît de produit, le chiffre exact ne pouvant en être fixé.

Sur les 5,412,768 piastres présentées au monnayage par les *Haciendas de beneficio*, le produit net, le bénéfice du fabricant est de 25 p. c. en moyenne. Les circonstances qui abaissent cette moyenne ont été expliquées, cherté des grains, épizooties, etc. Elles ne peuvent s'appliquer à notre opération.

Exemple : une seule hacienda ayant en caisse 16 mille piastres au 1$^{er}$ janvier 1863 avait, sans aucun autre appel de fonds, fabriqué et présenté au monnayage, le 1$^{er}$ janvier 1864, en un an, 118,000 piastres, qui lui avaient laissé en caisse 28,000 piastres, soit 12,000 piastres, produits par un capital réel engagé et roulant de 16,000. C'était une année mauvaise pourtant.

En octobre 1864, année ordinaire, ce capital de 28,000 piastres avait suffi à travailler à produire 400 et quelques mille piastres et on comptait en janvier 1865, à la liquidation de l'année, sur un produit dépassant 60 mille piastres. Je n'ai encore pu me procurer ce bilan de 1864 à 1865. Je ne doute pas qu'il ne réalise ces prévisions.

Notre fonds de roulement étant de 300 mille piastres,

même en ne tenant pas compte de la différence en notre faveur du prix de revient du travail mécanique et de celui du travail animal, une proportion facile à établir donnerait déjà un chiffre supérieur à celui annoncé par M. Laur. Or, fabricant à meilleur marché, nous pouvons payer la matière première, le minerai, à un prix plus élevé, de là notre monopole, tout en gagnant davantage sur la denrée fabriquée, la piastre.

On croit inutile de faire remarquer comment le capital ne sortant pour ainsi dire pas dans ces sortes d'opérations, se renouvelant incessamment, permet avec un chiffre restreint engagé de faire un chiffre considérable d'affaires, et au comptant. Ainsi l'exemple cité ci-dessus, un capital de 16,000, un chiffre d'affaires de 118, un bénéfice net de 120,000, c'est-à-dire 25 p. c. du capital réel, en année difficile.

Le capital nécessaire à l'entreprise se divise ainsi :

A mille piastres par cheval-vapeur, pour quatre machines de trente chevaux, achetées, transportées, enfin installées et fonctionnant, ci. . . . . . p$^s$ 120,000

Barrage de la vallée, roues pilons, mécanisme, etc., enfin, la force hydraulique, ci. . . . . . . . . . . . . p$^s$ 100,000

Fonds de roulement pour achats de minerai, exploitation des bois, création des sapinières, transports des minerais, du combustible, des produits, main-d'œuvre et employés, redevances à l'État pour la jouissance des bois, etc., etc., ci. . . p$^s$ 380,000

Enfin cette somme totale de six cent mille piastres n'est pas immédiatement nécessaire : deux ans doivent être employés à mettre l'établissement en état de fonctionner, ce qui nécessite les 220,000 piastres destinées à sa construction disponibles de suite, ainsi que 80,000 autres pour préparer d'avance le combustible, créer la forêt, etc. En un mot sur les 600 mille piastres, 300 mille ne seront pas nécessaires avant deux ans et la dépense des 300 autres se répartira sur ces deux années.

Le travail complet à demander ne peut que confirmer ces chiffres, qui du reste en sont tirés et sont appuyés sur des informations officielles.

L'esprit de l'affaire ayant été clairement exposé antérieurement, il n'y a pas à y revenir, les quelques détails pratiques donnés ici suffisent à donner un aperçu approximatif, bien que très-diminué, des résultats évidents de l'opération.

(Non signée ; même papier et même écriture que la note précédente.)

Mexico, le 10 mars.

# XVIII

**Note trouvée dans les papiers des Tuileries et concluant à l'inutilité et au danger d'une guerre avec l'Allemagne.**

---

(Les passages *en italiques* sont de la main même de Napoléon. Le reste est écrit par son chef de cabinet, M. Conti, sous sa dictée.)

Les graves événements qui se sont produits en Europe nous font un devoir d'examiner avec *attention* la conduite que doit tenir le gouvernement français, pour tirer des circonstances actuelles les plus grands avantages possibles ou les moins graves inconvénients.

Tout homme d'État, qui veut faire tourner les événements à son profit doit bien se garder de systèmes préconçus et de se laisser aller à des sympathies ou à des antipathies qui obscurcissent les questions au lieu de les résoudre. Il y a dans la vie des nations des entraînements qui semblables à des fleuves surmontent tous les obstacles que l'on oppose directement à leur cours. Tracer un lit à ces fleuves pour les empêcher de déborder, est la seule politique raisonnable et qui a quelque chance de succès, il y a des circonstances où la force brutale est impuissante contre les idées, et l'histoire nous montre bien des exemples où les armées les mieux aguerries ont dû céder devant le sentiment national d'un peuple froissé dans ses intérêts ou dans son honneur. En 1792, comme en 1793, l'Europe conjurée n'a pu venir à bout de la révolution française, et en 1808, les forces de l'Empire ont dû céder devant l'insurrection du peuple espagnol ; cela prouve que si les guerres politiques peuvent être tranchées par une seule bataille, les guerres contre les nationalités sont interminables aujourd'hui en Europe, *l'Italie et l'Allemagne tendent à se constituer en nation. Le premier Empire, il faut le reconnaître, a contribué à exciter ces tendances, soit par ce qu'il a établi, soit parce qu'il a comprimé, l'empereur Napoléon a jeté dans la Péninsule le germe de la nationalité par la création du royaume d'Italie* et en Allemagne par la médiation de 27 souverains, *ses projets d'avenir, expliqués dans ses immortelles dictées de Sainte-Hélène*, n'ont pas peu contribué *à susciter ces idées*. Néanmoins, comme en Allemagne il n'avait pas eu le temps d'accomplir son œuvre et qu'il avait dominé tout le pays par les armées françaises, *le sentiment national se retourne* contre lui en 1813 et en 1814, et fut une des causes de sa chute.

Aujourd'hui l'Italie se trouve constituée. Nous devons continuer à nous montrer bienveillants pour son indépendance, et appuyer toutes les tendances modérées du gouvernement, empêcher les partis extrêmes d'avoir le dessus et faire tous nos efforts pour maintenir le pouvoir temporel du Saint-Père, tout en cherchant à le réconcilier avec l'Italie. La politique de la France a toujours été de maintenir dans une même alliance l'Espagne et l'Italie, de développer leurs forces maritimes, afin que la Méditerranée n'appartienne ni à l'Angleterre, ni à la puissance qui possède la mer Noire.

Quant à l'Allemagne, elle tend évidemment à se réunir sous le sceptre de la Prusse. La France ne doit en aucune manière s'opposer directement à ce mouvement, mais elle doit, suivant les circonstances, tâcher d'en atténuer les effets, en profitant dans la suite des déchirements qui ne manqueront pas de se produire dans le corps germanique, et elle doit, pour le moment, au lieu de montrer de la défiance et de la jalousie, faire preuve de sympathie pour la nation allemande qui veut se reconstituer, faire valoir l'avantage d'une Prusse plus puissante qui échappe à la vassalité de la Russie, crée une barrière formidable contre les empiétements du Nord, et dans la Baltique une marine secondaire favorable aux intérêts français. Quant à la revendication des provinces du Rhin, elles sont depuis 50 ans devenues plus allemandes qu'elles ne l'avaient jamais été. Leurs troupes viennent de se distinguer dans la guerre contre l'Autriche, et leur revendication serait donc *aujourd'hui un défi jeté à toute l'Allemagne. Dans cette guerre de conquête nous n'aurions aucun allié et pour quelques provinces nous risquerions l'indépendance de la France.*

Ce qui ne l'a pas empêché de perdre la France en faisant la guerre !

# XIX

**Mémoire d'un Allemand sur l'Allemagne.**

Afin de pouvoir juger juste la position que *l'Allemagne* prendra en cas d'une guerre entre la France et la Prusse, il faut traiter la question à un double point de vue et s'enquérir séparément :
1° De l'esprit public des peuples allemands ;
2° De la manière d'agir des gouvernements.
En ce qui concerne tout d'abord l'esprit public du peuple allemand aussi bien au point de vue général que dans ses parties spéciales, il faut remarquer qu'il y a surtout deux grands principes qui forment, pour ainsi dire, la nature propre de la nation germanique et qui se sont développés en Allemagne conformément à son histoire de mille ans, qui se sont fortifiés et qui sont entrés dans sa vie propre ; savoir :
1° Le principe de l'autonomie des races ;
2° Le principe de la liberté.
Le principe de l'autonomie est si profondément enraciné dans le caractère allemand que — comme tout Allemand veut avoir pour lui seul sa pensée, ses sentiments, bref sa vie selon sa propre manière individuelle, ou

comme la famille forme un tout entier, ou comme la commune veut s'administrer elle-même, — que chaque race (les races se distinguent considérablement entre elles), que chaque race, — dis-je, — veut avoir sa propre vie politique, ses droits particuliers, ses lois, ses usages.

Ce principe fondamental se retrouve partout dans toutes les races germaniques, en Suisse, dans les États de l'Amérique du Nord, voire même dans l'administration autonome des comtés et countrys en Angleterre; mais il est entré encore plus vivement dans les sentiments des Allemands, par le développement historique de l'Allemagne pendant plus de mille ans, puisque chaque race y trouve des souvenirs glorieux et chers, des traditions particulières qui n'ont rien de commun avec les autres races.

Tandis que les races latines inclinent vers la centralisation, tandis que, par exemple en France, le peuple lui-même a appuyé le gouvernement dans ses tendances de créer un gouvernement centralisateur, le principe germanique de l'autonomie des diverses races empêcha de pareilles tendances des empereurs allemands, et les peuples eux-mêmes se mirent du côté des princes allemands qui représentèrent l'indépendance et l'autonomie des races.

Il est juste de faire remarquer qu'à côté de la tendance que les peuples allemands ont à conserver chacun son autonomie particulière, il existe le désir d'être unis entre eux par un lien national; mais ce désir est seulement dirigé vers une confédération, comprenant les grands intérêts spirituels qui sont les mêmes chez tous les peuples allemands, facilitant les relations matérielles et créant enfin une force *défensive* et fortement constituée pour toute l'Allemagne. L'esprit allemand demande la force pour la défensive et non pas pour l'offensive. L'Allemagne est dans l'ordre économique de l'Europe la puissance créée pour digérer les idées; la nation allemande ne demande pas de prendre l'initiative, — elle la laisse à la France; ce qu'elle demande c'est le travail tranquille qui mûrit les fruits.

Dans l'équilibre *politique* de l'Europe, l'Allemagne est la puissance qui représente le point calme de gravitation sur lequel repose la paix générale. Elle est appelée à séparer les éléments litigeants; sa mission est celle d'un médiateur qui s'entremet pour réconcilier.

La nation allemande représentant ainsi le principe de tranquillité, ne demande, par conséquent, pas plus de force qu'est nécessaire pour défendre cette tranquillité contre toute attaque; elle demande, avant tout, de ne pas être un État militaire, mais de conserver et d'utiliser les meilleures forces du peuple pour les travaux de l'esprit, pour les sciences, les beaux-arts, le commerce et les industries.

Toutes ces aspirations, ces désirs, ce but seront atteints par un lien fédératif: *uniquement* par la concorde et non pas par l'unité ou par l'uniformité.

A côté de ces aspirations à l'autonomie et à l'indépendance des races, existe dans le peuple allemand le désir ardent de la liberté, c'est-à-dire d'une liberté tranquille, raisonnable, qui ne demande pas de renverser ou d'anéantir l'autorité, mais au contraire qui veut que le peuple dans sa généralité ait une part légale et réglée dans l'administration de l'État et dans le gouvernement.

Cette aspiration aussi est motivée dans l'histoire, puisque les premières fondations pour la formation d'États dans l'ancienne Germanie, étaient des principautés gouvernées par des princes élus, et dans lesquelles l'autorité monarchique était pour ainsi dire l'expression du « self government, » se basant sur la volonté et l'assentiment du peuple. L'esprit de la liberté n'est donc pas hostile aux dynasties allemandes, lesquelles ont leurs racines dans l'amour et l'estime des populations, il les soutient, il les porte pour ainsi dire, car ces dynasties étaient pendant tout le moyen âge, les représentants de l'autonomie et de la liberté, tandis que les efforts des empereurs tendaient toujours à établir une monarchie allemande centralisée et unique.

Que l'ancienne Confédération germanique n'était pas très-populaire, mais, au contraire, qu'elle était l'objet de nombreuses plaintes de la part du peuple allemand, cela ne provenait pas du *principe* sur lequel elle était fondée, cela avait plutôt pour cause : 1° qu'elle représentait nombre de petites monarchies, groupées artificiellement et dont la division était contraire aux traditions allemandes ; 2° qu'elle se fit à plusieurs reprises le représentant des doctrines franchement réactionnaires, lesquelles surpassaient de beaucoup le but proposé ; 3° enfin, qu'elle ne prit pas en main résolûment et énergiquement les institutions de commerce et d'échange, et ne leur procurait pas toutes les facilités que la nation allemande désirait si ardemment.

Ces fautes commises par la Diète de Francfort donnèrent beau jeu au gouvernement prussien, qui en prit l'occasion de la discréditer aux yeux de la population allemande, en se servant de la presse, payée par elle, et c'était alors la plupart des journaux allemands. En même temps elle se fit proclamer par ces journaux comme la seule puissance qui pourrait satisfaire aux vœux unanimes de la nation eu égard à son union matérielle.

Si l'ancienne Confédération germanique n'aurait pas commis ces fautes, provenant de son organisation et de son action politique, elle aurait été l'institution la plus populaire, car la preuve qu'elle était dans ses *principes fondamentaux* en parfaite harmonie avec l'esprit national allemand, et, partant de là, tout à fait justifiée, se trouve dans le fait que, malgré ses défauts, elle a constitué pendant 50 ans la base de la paix européenne et a assuré à l'Allemagne la tranquillité intérieure et son bien-être.

L'état de choses créé par la Prusse en Allemagne par les événements violents de l'année 1866, ayant déjà conduit l'Allemagne du Nord unifiée sous le despotisme militaire qui est contraire à toutes les traditions historiques, absorbera dans la même unité les États du Sud, et si l'on n'y remédie pas prochainement entraînera également les provinces allemandes de l'Autriche. La situation actuelle a donc en même temps violé les deux grands principes de la vie nationale allemande, savoir : l'autonomie des races et la liberté.

La Prusse efface les souvenirs historiques qu'on aime et qu'on chérit et anéantit en même temps la liberté du peuple en introduisant partout le régiment policé et militaire, en usant partout de la violence sans bornes. Sous des phrases libérales et sous le semblant d'un Parlement, dont les résolutions sont sans valeur aucune, elle exclut en vérité toute participation vraie et efficace du peuple dans le gouvernement.

En outre de la violation des meilleurs, des plus inébranlables et des plus anciens principes fondamentaux du caractère national allemand, la Prusse a en même temps violé les intérêts matériels des populations d'une manière profondément sensible.

Dans les pays annexés et dans les États formant la Confédération du Nord, les impôts sont poussés à une hauteur qu'on n'a jamais connue; les fonds destinés aux sciences et qui étaient propriété publique, sont transportés à Berlin; le service militaire, incombant à tous, pèse lourdement sur la population agricole, surtout là ou des biens ruraux non parcellables exigent l'aide et le travai des jeunes gens pour les besoins d'un service bien réglé.

Les avantages que la Prusse procure matériellement à la Confédération du Nord par les facilités du transport et par les traités avec les États du Sud, sont uniquement au profit des grands établissements industriels et pour les grandes maisons des commerçants, tandis que la lourde surélevation des contributions et la charge non moins onéreuse du service militaire général pèsent sur le peuple tout entier.

La domination directe ou indirecte de la Prusse a donc

partout provoqué le plus grand mécontentement et la haine la plus vive contre le nouvel ordre des choses, et même les partis qui autrefois plaidaient chaleureusement pour la suprématie de la Prusse en Allemagne se sont maintenant convaincus que les avantages attendus ne se sont pas réalisés ou plus que contre-balancés par de grands préjudices qui en sont les conséquences.

Cette opinion est généralement répandue partout en Allemagne et y est si profondément enracinée que la plus grande majorité du peuple saluera avec joie tout événement qui détruira le joug de la domination prussienne.

Ces événements peuvent être de deux manières. Ou une grande révolution intérieure de l'Allemagne ou une grande guerre européenne.

Si la guerre n'éclate pas, la révolution arrivera indubitablement, car le peuple allemand ne le souffrira pas qu'on entretient, au détriment de son bien-être national, avec des sommes immenses, une puissance militaire agressive, laquelle est contraire à ses principes traditionnels, à ses tâches pacifiques, à ses penchants nationaux et qui ne sert qu'à satisfaire l'ambition effrénée et indestructible des Hohenzollern.

Si la révolution arrive, ses effets seront terribles pour le repos de toute l'Europe, parce qu'elle se compliquera des questions sociales et tranchera plus terriblement le mouvement politique qu'aucune autre révolution antérieure a pu le faire. La liberté politique et les intérêts économiques et légitimes du quatrième état (les ouvriers) se révoltent de la même manière contre la domination du militarisme prussien, et on verra se lier à ces événements une grande partie de l'aristocratie allemande et tous les partisans des souverains allemands dépossédés et exilés, pour faire cause commune contre la puissance prussienne.

Cette révolution, qui montre déjà partout ses premiers commencements, peut être évitée seulement et uniquement par une grande et prochaine guerre européenne, qui détruit la puissance prussienne pour reconstruire l'Allemagne sur des bases fédératives et qu'ensuite les gouvernements, comprenant l'esprit national et les vrais besoins du temps actuel, se mettent eux-mêmes franchement à la tête du progrès nécessaire.

Ces idées ne sont pas seulement répandues dans les parties de l'Allemagne subjuguées par la Prusse, elles se font jour et trouvent un écho dans beaucoup de régions du peuple prussien lui-même.

Il est connu qu'à l'origine la guerre de l'année 1866 était très-impopulaire, même en Prusse; que l'appel de la landwehr rencontra de grandes difficultés; que la nouvelle de la bataille de Langensalza provoqua à Berlin une émotion presque révolutionnaire, et que si la bataille de Sadowa aurait été perdue, la révolution aurait éclaté inévitablement en Prusse.

Le *succès* a fait taire ce mécontentement, mais il ne l'a pas supprimé; il se montrera très-visiblement au premier échec que rencontrera la Prusse bismarckisée.

Cette disposition générale des esprits en Allemagne, décrite dans les lignes qui précèdent, ne se manifeste pas seulement par des aspirations vagues, par des vœux, par des antipathies, elle trouve une expression bien déterminée dans des préparatifs qu'on fait de toute part en Allemagne, pour pouvoir développer une activité très-sérieuse dans les événements que l'avenir peut amener.

Les principes nationaux de l'autonomie et de la liberté existent en Allemagne plus vivement et plus indestructiblement chez les Bas-Saxons, lesquels ont déjà combattu pour ces principes sous Charlemagne et ont opposé pendant tout le moyen âge la résistance la plus opiniâtre aux tendances de centralisation des empereurs. La race des Bas-Saxons s'est en cela identifiée avec sa dynastie légitime des Guelfes, qui est la plus ancienne et la plus illustre de toutes les maisons princières allemandes, à laquelle cette race est liée par une histoire glorieuse de mille ans.

Charlemagne a pu faire périr par le glaive des milliers de Bas-Saxons, mais il n'a pas réussi à les courber.

Les Hohenstaufen ont pu briser la puissance de Henry le Lion, mais ils n'ont pu abaisser la fierté des Guelfes, et quoique la maison princière des Guelfes était éloignée pendant deux siècles de ses possessions héréditaires, — occupant le trône de l'Angleterre — ses sujets Bas-Saxons ont combattu vaillamment pour leur autonomie sur tous les champs de bataille, où la volonté de leurs princes les appelait.

D'après ces exemples historiques, il est donc tout naturel que les efforts pour le rétablissement de l'autonomie et de la liberté de l'Allemagne, se montrent surtout dans la race des Bas-Saxons et que le mouvement occulte, mais très-intense, dans les autres parties de l'Allemagne, attend d'elle son mot d'ordre.

Le noyau de la race des Bas-Saxons est formé par le royaume de Hanovre et ni sa population ni son roi, dépossédé par la Prusse, mais gardant fidèlement les traditions de sa maison et de son peuple, vont faire défaut à leur tâche historique. Au contraire, tous les préparatifs sont pris pour entrer puissamment dans l'action, le cas échéant, et de donner au mouvement de toute l'Allemagne un centre et une organisation précise.

On sait parfaitement que l'événement politique qui seul peut briser la puissance prussienne et rendre à l'Allemagne son autonomie, sa liberté et sa force de se développer naturellement et historiquement, en lui épargnant une grande et sanglante révolution, que c'est une guerre entre la France et la Prusse.

On croit cette guerre inévitable, parce que l'intérêt de la nation française, elle-même, l'exige aussi bien que l'intérêt du gouvernement impérial et de la dynastie napoléonienne.

Une Allemagne constituée fédérativement et forte pour la défensive n'est pas un danger pour la France ; cette Allemagne peut, au contraire, vivre en paix avec la

France, elle peut lui donner la main dans toutes les questions du trafic matériel, favorisant ainsi de plus en plus la prospérité économique des deux pays; et enfin elle peut, en s'alliant politiquement à la France, garantir le repos de l'Europe et faire mûrir, grâce à cette alliance, les plus beaux fruits de la civilisation pour le monde entier, parce que cette alliance perfectionnera les idées fructifiantes d'initiative de la France par la digestion calme et habituée à réfléchir des Allemands. Elle formera, pour ainsi dire, un mariage entre le feu pétillant de la race latine et la vigueur austère de la race germaine.

Une Allemagne prussifiée est, par contre, un danger permanent pour la France. Si la Prusse change toute l'Allemagne en une vaste caserne, incorporant les meilleures forces dans ses régiments, et emploie le bien-être du peuple pour armements et préparatifs de guerre, — elle est forcée d'en prouver la nécessité au peuple allemand; elle doit provoquer la guerre pour justifier ses armements; elle doit exciter et soutenir l'ivresse nationale, elle doit inscrire sur son drapeau la conquête de l'Alsace et de la Lorraine; enfin elle doit éterniser la haine entre les deux nations voisines. L'attitude hostile que l'Allemagne prussifiée prendra vis-à-vis de la France aura pour conséquence forcée l'inquiétude universelle en Europe, c'est-à-dire la permanence d'un état de paix armée et l'anéantissement du progrès civilisateur.

La France doit combattre la Prusse, anéantir sa domination en Allemagne, qui est contraire à la nature des choses, et rendre impossible ses visées, même dans l'avenir.

La France le doit d'abord pour protéger sa propre sécurité, mais ensuite, elle le doit aussi, pour remplir sa belle mission traditionnelle, celle d'être le champion de civilisation. La France a toujours rempli ce beau rôle. L'histoire le prouve et personne en Europe, pas même ses ennemis, le lui disputent.

On est, du reste, convaincu en Allemagne même que l'empire français et la dynastie impériale sont forcés de remplir cette mission historique et de rendre à l'Allemagne sa liberté et son organisation fédérative, en brisant la puissance actuelle et envahissante de la Prusse.

L'empire français interrompu par la restauration et le gouvernement des Orléans, a désormais le devoir d'établir dans une stabilité calme ces grandes idées que le premier Empereur, sous le tonnerre de ses batailles, introduisit dans le monde en passant par-dessus les ruines d'un passé qui s'écroula de toute part. Et en refaisant aujourd'hui la base du droit public, l'empire français fera reposer indissolublement sur ce droit la garantie assurée de la paix future entre les nations.

La Prusse est l'ennemie la plus acharnée de ces grandes idées de 1789 sur lesquelles repose l'Empire, lequel est obligé de les faire valoir partout, s'il ne veut pas perdre la base fondamentale de son existence.

Si la Prusse n'est pas renversée, ni les paroles de Napoléon I$^{er}$ : « les idées de 1789 feront le tour du monde, » ni le mot de Napoléon III « l'Empire c'est la paix, » peuvent devenir une vérité.

Une paix de *résignation* sera la perte du gouvernement impérial parce qu'elle compromet en même temps et le principe de ce gouvernement et le principe de la dynastie, ainsi que la gloire, l'honneur et le prestige de la France.

Une paix *victorieuse* dictée par l'épée de la France, dans la main d'un Napoléon, lequel aura fait de ces grandes idées de 1789 la base fondamentale du droit des gens européen et assuré par là la paix entre les grandes nations française et allemande, cette paix sera de fait et en vérité le couronnement de l'édifice qu'on a tant cherché. Dans cet édifice, ainsi couronné, la dynastie impériale occupera pour toujours un trône sur les marches duquel viendront s'incliner plein d'admiration et de reconnaissance, la France et avec la France, tout l'univers civilisé.

Si, en Allemagne, on admet la guerre entre la France et la Prusse comme inévitable, on s'est rendu compte en même temps dans tous les cercles qui s'occupent sérieusement de poursuivre des buts politiques et non pas des vagues rêveries, de quelle manière doit être l'action que les vrais patriotes allemands doivent développer dans cette guerre.

Partout on est d'accord sur ce que la nation allemande ne doit pas seulement avoir des sympathies pour la France dans une guerre entre elle et la Prusse, mais qu'elle doit se joindre à la France en participant à l'action.

La parole de guerre doit être : « Alliance entre la nation française et la nation allemande contre la Prusse, cette dernière étant également l'ennemi de toutes les deux et l'empêchement d'une paix entre elles.

Les patriotes allemands supposent que les conditions de cette alliance seraient que la France n'irait pas en Allemagne comme puissance conquérante, mais pour délivrer l'Allemagne du joug prussien et pour la rendre à son organisation naturelle et historique.

Une déclaration, dans ce sens, devrait être faite positivement et hautement dès le début de la guerre. On est convaincu en Allemagne que cette déclaration serait donnée parce qu'on croit la France assez éclairée pour comprendre que la puissance française étant à la tête de l'Europe ne gagnera rien par la conquête de quelques milles carrés, mais qu'au contraire elle se créerait, par la conquête des provinces allemandes, une place qui restera toujours ouverte et elle se ferait ainsi un ennemi acharné de toute la nation allemande. Ceci ne peut pas être dans l'intérêt de la France qui a besoin de l'amitié de l'Allemagne pour arriver par la guerre à la paix.

Si donc la supposition est justifiée et que le gouvernement français donne une déclaration dans le sens indiqué, l'appui de la nation allemande aussi bien moralement que matériellement est assuré à la France dans la guerre contre la Prusse.

Voici, du reste, ce qui a été déjà fait et ce qui continue à se faire sous ce rapport :

Dans le concours du peuple allemand à la guerre contre la Prusse, il s'agit de deux choses :

1° De l'appui moral de l'opinion publique, et 2° de la participation active et matérielle à la guerre.

En ce qui concerne d'abord l'appui moral à donner à la France, il y a trois grands et puissants facteurs sur lesquels on peut compter chez la nation allemande et qui ont toujours été l'ennemi de la Prusse et qui ressentent aujourd'hui une haine mortelle, une exaspération des plus profondes à l'endroit de la Prusse à cause de ses procédés inqualifiables de l'année 1866.

Ces trois facteurs sont :

1° Les populations des pays annexés par la Prusse, parmi lesquelles on doit également compter celles du royaume de Saxe, quoique ce royaume n'est pas directement annexé mais seulement indirectement subjugué ;

2° Le parti catholique ;

3° Le parti démocrate.

Les populations des pays annexés forment, comme de raison, la base de tout mouvement. Ce mouvement est parfaitement organisé et se complète de plus en plus depuis un an.

Le véritable centre et le plus essentiel de ce mouvement se trouve dans le royaume de Hanovre, dont la population est exclusivement formée par la race des Bas-Saxons. Cette population renferme à elle seule, et au plus haut degré, tous les éléments de haine implacable contre la Prusse, la rendant ainsi tout à fait propre pour un combat continu contre cette puissance. Le droit de prendre la tête dans ce combat est donc échu à la population hanovrienne.

Le peuple hanovrien a son histoire très-glorieuse, il

l'aime; il ne veut pas la laisser effacer par l'arrogance prussienne.

Ensuite chez lui est toujours très-vivant le souvenir de l'invasion prussienne au commencement de ce siècle, laquelle a laissé — surtout dans la population des campagnes — une inimitié des plus vives contre la Prusse et qui s'est perpétuée du père en fils.

De plus, le peuple hanovrien est, par suite de l'annexion prussienne, privé de sa dynastie qu'il aime et à laquelle il est étroitement uni depuis plus de mille ans et pour laquelle il a versé son sang en maintes batailles glorieuses et dont il aime et respecte le représentant actuel.

Enfin le peuple hanovrien a souffert plus que tout autre sous le poids écrasant des contributions et du service militaire prussien, de sorte que le pays autrefois si prospère est menacé actuellement d'un appauvrissement complet.

La population hanovrienne est prête à se soulever à tout moment qui plaira à son roi de choisir pour l'appeler à lui et pour se ranger ouvertement et publiquement du côté de la France. Elle a déposé un manifeste de cette fidélité ferme et inébranlable dans une adresse couverte de 850,000 signatures. L'original de cette adresse se trouve à Paris et une copie en est jointe au pli. Aussitôt que les événements seront assez avancés et que S. M. l'Empereur daignera la recevoir, elle sera remise entre Ses mains par une députation d'Hanovriens, accompagnée d'une lettre dont la copie se trouve également ci-jointe.

On doit se convaincre que jamais une pareille adresse est présentée par un peuple allemand à un souverain de la France, par un peuple qui, autrefois, se trouvait au premier rang dans les combats contre la France.

Sa Majesté le roi de Hanovre, fermement résolu de ne pas abandonner ni ses droits, ni les devoirs qui lui incombent à remplir envers son peuple et envers toute l'Allemagne; le roi de Hanovre auquel sont restés attachés en dévouement les cœurs de tout son peuple et qui dispose des services directs d'un grand nombre d'officiers courageux, résolus, intelligents n'ayant pas voulu prendre service en Prusse, lui étant restés fidèles, liés à leur roi par leur ancien serment du drapeau ; le roi de Hanovre a eu soin de conserver les bonnes intentions de son peuple, d'organiser d'une manière ferme sa résistance passive contre la domination prussienne, et de se mettre en rapport avec les mêmes éléments existants dans les autres parties de l'Allemagne.

Tout le pays de Hanovre est organisé.

Il y a un comité occulte dont les ramifications secrètes répandues dans tout le pays, procurent au roi la plus grande facilité de mettre en exécution, et à l'instant même, tout ordre émané de lui.

A la tête de ce gouvernement national se trouve un personnage d'une grande intelligence et d'immenses capacités.

Pour faire exécuter ses ordres il est assisté par un pouvoir exécutif, formé par un personnel de jeunes gens actifs et résolus. Chaque province a son chef dirigeant, tandis que le pays empruntant le système prussien de la landwehr, est divisé en dix arrondissements et quarante cantons, dans chacun desquels sont stationnés des anciens officiers et sous-officiers, s'occupant de recueillir chacun dans son cercle des renseignements de la statistique militaire, connaissant et dirigeant toute la population en état de pouvoir porter les armes. Le gouvernement national occulte a une presse à sa disposition et dispose en outre d'un nombre suffisant d'employés du chemin de fer et du télégraphe pour pouvoir compter de recevoir des nouvelles importantes et de détruire, au besoin, les lignes télégraphiques et les voies de communication. Il a pris également ses mesures afin d'être informé de tout ce qui se passe dans les cercles militaires, de la police et de l'administration prussiennes, en tant que cela peut être utile à la cause patriotique et nationale. Jusqu'à présent ce gouvernement a réussi sous les points de vue suivants :

1° Il a combattu par la voix et par les écrits, le parti annexionniste.

2° Il a agité pour le parti patriotique à l'occasion des élections pour le parlement et pour les conseils municipaux, communaux, etc., etc.

3° Il a fondé une coalition entre les partis des cléricaux, de la noblesse (Ritterschaften) et des démocrates lesquels demandent pour l'Allemagne une constitution fédérative et combattent l'État unitaire prussien.

4° Il a combattu les idées de la non-intervention de l'étranger, colportées par le parti libéral-national.

5° Enfin il a fortifié dans le pays l'espoir d'un changement prochain et la résolution d'y participer activement.

Depuis le 1er octobre de l'année dernière la « Deutsche Volkszeitung » supprimée par la Prusse, paraît de nouveau dans le Hanovre aux frais de Sa Majesté le Roi. Ce journal s'applique à répandre dans le pays, autant que cela se peut sous la domination prussienne, l'idée de l'indépendance et de la liberté, tandis que ces mêmes idées, mais d'une manière plus explicite et plus accentuée, sont propagées en même temps au moyen des brochures, secrètement distribuées par des agents sûrs. Un exemplaire de ces brochures se trouve ci-joint au pli.

On s'applique, avant tout, à combattre l'idée que la France est l'ennemie de l'Allemagne. On démontre partout au peuple que les troupes françaises viendront en libérateurs de l'Allemagne du despotisme prussien.

Qu'on a travaillé avec succès dans ce sens et combien la saine intelligence du peuple lui en a fait comprendre la vérité, cela résulte du fait que les paysans hanovriens ont déjà mis de côté des jambons et des pommes de terre pour nourrir les troupes françaises si elles viennent dans le pays.

Les mêmes sentiments, quoique moins prononcés

comme dans le Hanovre, existent dans l'électorat de Hesse, parce que dans l'Électorat n'existe pas l'amour des sujets pour leur souverain. L'union entre les partis hessois et hanovriens est organisée. M. Trabert, membre très-connu du Parlement hessois et chef de l'opposition, est à la tête du Comité secret en Hesse. Le Comité opère avec les subsides que le roi de Hanovre a fournis et qui ont aidé à fonder à Cassel une gazette anti-prussienne. De plus, l'union avec le parti catholique et avec la démocratie est également établie, et c'est encore le Hanovre qui s'emploie à être le centre de ces rapports et le roi de Hanovre qui en tient et dirige les fils invisibles.

En ce qui concerne d'abord le parti catholique, il faut remarquer qu'il n'y a pas un pays protestant en Allemagne où l'indépendance et les droits de l'Église catholique sont aussi respectés et franchement reconnus que dans le Hanovre, de sorte que ce parti est plus que tout autre lié à l'indépendance du Hanovre et à son ancien gouvernement. A cette disposition générale des catholiques dans le Hanovre se joint, en la fortifiant, s'il était nécessaire, la circonstance que le gouvernement prussien a destitué et exilé M. Schlaberg, curé de l'église catholique à Hanovre, ce qui a profondément révolté, non-seulement ses paroissiens, mais tous les catholiques.

Le curé Schlaberg se trouve actuellement auprès du roi, à Hietzing, et s'applique infatigablement pour organiser le parti catholique en Allemagne et pour diriger l'activité commune de ce parti contre la Prusse en suivant un plan concerté.

L'organisation des catholiques, en dehors du Hanovre, a deux directions. D'abord dans la Westphalie prussienne et ensuite dans la Bavière.

Dans la province prussienne de la Westphalie, surtout parmi les membres de l'aristocratie du pays de Munster, on trouve beaucoup de sympathies historiques pour la maison des Guelfes; cette province ayant été placée auparavant sous leur gouvernement. Les sympathies des catholiques pour le gouvernement hanovrien viennent renforcer cette disposition et il est très-curieux, par exemple, que beaucoup d'habitants de cette province prononcent publiquement le désir de la restauration du Hanovre et de la jonction de la province de Westphalie au royaume rétabli du Hanovre.

Ces sympathies et ces désirs se sont manifestés très-visiblement par les faits que voici :

A Osnabrück et à Hildesheim les fidèles quittèrent l'église au moment où le curé commença de réciter la prière prescrite pour le roi de Prusse. Les soldats prussiens dans les régiments westphaliens, en garnison dans ces villes, se trouvant à l'église, suivirent l'exemple donné par les paroissiens en déclarant tout haut qu'ils avaient bien raison de faire ainsi. — Les soldats des régiments westphaliens se réunirent dans la ville de Hanovre aussitôt qu'ils avaient été congédiés pour acclamer publiquement le roi de Hanovre, en criant : « Vive le roi Georges de Hanovre ! »

Des membres distingués de la noblesse de la Westphalie se sont employés pour recueillir des signatures à l'adresse sus-mentionnée et encore dans ce moment-ci, ils participent à l'agitation anti-prussienne.

Un membre d'une ancienne famille westphalienne, attaché en service prussien au commissaire civil du Hanovre, ne fut plus reçu par sa propre famille, et sa mère, elle-même, s'y refusa aussi longtemps qu'il serait revêtu de ces fonctions.

Tous ces faits prouvent la profonde sympathie qu'il y a dans la Westphalie pour le Hanovre ; ils démontrent en même temps combien peu la Prusse pourra compter sur le soutien moral de sa propre province dans un conflit ou dans une guerre entre elle et la France.

L'union avec les catholiques en Bavière s'est faite par l'intermédiaire du docteur Zander, rédacteur-propriétaire du *Volksbote* de Munich, journal qui est une véritable puissance en Bavière et qui dirige l'opinion publique de toute la population des campagnes.

L'union avec la démocratie est également établie, surtout par l'intermédiaire de MM. Trabert, de Hesse, et Liebknecht, de Saxe.

Ce sont ces messieurs et le docteur Zander, ce dernier dans sa qualité de représentant du parti catholique, qui ont été les instigateurs de la conférence de Bamberg, qui a eu lieu vers Noël 1867 entre les chefs notables des partis démocrate et catholique et où on a pris les résolutions d'organiser les partis, de mettre leurs chefs en rapports mutuels et d'établir une correspondance lithographiée pour leur servir de lien commun eu égard à leur activité privée et publique dans les diverses parties de l'Allemagne.

Dans cette conférence on a proclamé pour base de la réorganisation future de l'Allemagne les principes que voici :

1° Constitution fédérative de l'Allemagne et autonomie de ses races.

2° Garantie de la liberté du peuple par l'établissement du suffrage universel pour toutes les assemblées représentatives des populations allemandes.

On y a pris ensuite la résolution de déclarer que les vrais patriotes allemands ne devraient pas seulement saluer de joie l'aide de la France pour accomplir l'affranchissement de l'Allemagne de la domination prussienne, mais qu'il fallait, au besoin, la solliciter aussitôt que la France déclarerait de ne pas vouloir conquérir des provinces allemandes.

Les moyens nécessaires pour couvrir les frais de voyage des chefs de ces partis, ont été accordés par le roi de Hanovre, lequel a, en outre, accepté sans restriction le principe du suffrage universel.

Toute cette organisation s'emploie infatigablement et activement pour populariser en Allemagne l'idée de l'intervention française contre la Prusse partout où cela serait encore nécessaire, car le gouvernement arbitraire prussien a déjà fait beaucoup, lui-même, pour pousser les esprits dans cette direction.

Il faut maintenant, en second lieu, parler de quelle manière l'Allemagne, s'appuyant sur les bases morales, précitées, peut apporter à la France un secours actif et militaire dans une guerre entre la France et la Prusse.

Les populations des pays directement annexés par la Prusse rentrent, tout d'abord, sous ce rapport de nouveau en compte. Toutes les préparatifs sont faites, en premier lieu, dans le Hanovre et dirigées telles quelles par le roi de Hanovre lui-même.

Le président du comité central et occulte, chargé par le roi de la direction des affaires intérieures du pays, a tout préparé. Dans le cas qu'une conflagration sérieuse, précédant la guerre, éclaterait, toute la jeunesse guerrière va quitter le Hanovre en émigrant à l'étranger. Chaque jeune homme, soumis au service militaire, sait d'avance à quel officier il doit s'adresser et à quel endroit il doit se rendre pour recevoir les frais de route, et pour se faire désigner l'endroit vers lequel il doit se diriger.

Si, dans l'éventualité d'une guerre, la France accepte la coopération du Hanovre, et permet la formation d'une armée hanovrienne sur le sol français, cette armée peut être facilement organisée.

Il y a déjà en ce moment environ 500 soldats en Suisse, ayant fait le service militaire, et qui sont entièrement à la solde de S. M. le roi de Hanovre, placés sous le commandement d'officiers et sous-officiers, formant ainsi les cadres des différents régiments.

Il y a de même en Angleterre 3 à 400 hommes distribués de la même manière.

En Amérique il y a environ 2,000 hommes qui s'y organisent en ce moment sous le commandement des officiers y envoyés *ad hoc*, et qui reviendront de là directement en Europe sur un simple avis, concerté d'avance et à transmettre par le câble transatlantique.

Dès que la guerre sera résolue et la France disposée à faire avec le roi de Hanovre le traité nécessaire, tous ces hommes organisés et divisés en régiments, seront immédiatement placés sur la frontière française pour y recueillir l'émigration hanovrienne, qui formera ainsi l'armée du roi. Sa Majesté se rendra alors en France et adressera à son peuple un appel aux armes. Le roi déclarera en même temps qu'il a pris les armes pour l'indépendance, l'autonomie et la liberté du peuple allemand en général, qu'il s'est allié à l'Empereur des Français, au nom du peuple allemand, pour délivrer l'Allemagne d'un esclavage contraire à ses intérêts et qu'il appelle, par conséquent, tout bon patriote allemand de venir dans les rangs de son armée, combattre avec les Hanovriens la Prusse, leur ennemie commune.

Il est convenu que les chefs du parti démocratique lancent en même temps un appel au peuple, l'invitant à se soulever contre la Prusse. Ils déclareront dans cet appel que l'armée du roi de Hanovre est l'armée *allemande*, et que quiconque veut bien servir sa patrie doit s'y enrôler.

Le roi de Hanovre proclamera dans un manifeste les principes de 1789, et établira pour le Hanovre le suffrage universel.

Tout ce qui est matériellement nécessaire pour l'armée en voie de formation est fait. En moins de deux mois 10,000 fusils Chassepot, du modèle adopté pour l'armée française, seront fournis, les premiers milliers sont déjà livrés ; les uniformes sont commencées, les effets d'équipement, les souliers, etc., etc., ainsi que les armes blanches sont ou déjà faits en partie, ou commandés et seront complétement achevés en deux mois au plus tard.

Tout est fabriqué d'après les modèles français. Les règlements d'exercice, les articles de guerre, les lois organiques de l'armée française, actuellement en vigueur, ont été soigneusement traduits en allemand et seront communiqués aux sous-officiers, de telle sorte qu'au moment de la déclaration de guerre une armée allemande de 10,000 hommes d'élite, composée de soldats ayant déjà battu les Prussiens à Langensalza et ne rêvant que vengeance, sera toute prête dans le plus bref délai possible pour pouvoir être mise à la disposition de la France. Cette armée n'offrira pas, il est vrai, un très-grand secours militaire à la France mais elle lui donnera par contre un appui moral d'une très-grande portée. La présence de cette armée seule empêchera la Prusse de donner à la guerre contre la France, pas même la moindre apparence d'une guerre nationale, car il y aura alors à côté de la France une armée allemande, qui comme les Hanovriens ont compté en tout temps parmi les meilleurs patriotes allemands, ayant lutté toujours et partout pour la liberté et pour l'indépendance de l'Allemagne. L'armée française en tirera, en outre, le grand avantage de pouvoir toujours se faire précéder, lors de son entrée dans les pays allemands, par une avant-garde de troupes allemandes.

Cette avant-garde ferait comprendre aux habitants — si toutefois il en serait encore besoin — qu'ils auraient à recevoir les Français comme leurs amis, leurs libérateurs.

Dans l'électorat de Hesse, on a tout préparé comme dans le royaume de Hanovre, pour provoquer au moment de la guerre l'émigration de tous les jeunes gens valides et de tous ceux qui sont mécontents. L'électeur de Hesse appellera également aux armes et invitera les Hessois de se joindre à l'armée du roi de Hanovre.

Il résulte donc de tout ce qui précède, que toutes les préparatifs sont faites pour la formation d'une armée hanovrienne, composée de soldats bien exercés. Cette armée se joindra à l'armée française. Mais on a eu également soin de préparer pour un moment donné un soulèvement général de tout le peuple hanovrien.

Ce soulèvement peut s'effectuer de trois manières

différentes pour soutenir les opérations militaires :

1° Dans le cas où l'armée française entrera en Allemagne du côté de la Hollande, il conviendra d'insurger successivement la population en avant de l'armée française, à fin que les troupes prussiennes auront à lutter en même temps et contre l'ennemi s'avançant du côté de la frontière et contre l'insurrection dans l'intérieur du pays même ;

2° Si les troupes françaises débarquaient sur les côtes hanovriennes, dans la mer du Nord, il faudra d'abord procurer des bons pilotes et ensuite soulever la population en arrière des forces prussiennes, faisant front vers le littoral ;

3° L'armée prussienne ayant essuyé une défaite sur le Rhin, se retire par le Hanovre pour prendre position sur l'Elbe, sa seconde ligne d'opération.

L'armée prussienne poursuivie par les troupes victorieuses françaises, aura à subir une guerre de guérillas que les populations insurgées au Nord et au Sud lui feront subir.

Des officiers d'état-major général ont déjà élaboré pour chacune de ces éventualités les plans nécessaires. Les lieux de rassemblement pour les insurgés sont désignés ; les chefs ont leurs instructions qui leur permettent d'agir, dans un moment donné, selon le plan général élaboré d'avance avec soin et assurant ainsi une action commune bien réglée.

Les armes pour l'armement de ceux qui se soulèveront sont en partie cachées dans le pays, ce qui manque y sera introduit du dehors au moment donné. La provision des poudres se trouve en Hollande, où le chef de l'insurrection se trouve également pour se rendre de là dans le pays même et pour y prendre en personne le commandement au moment de l'action même. Les préparatifs de l'organisation du soulèvement se font en ce moment entre lui et le chef de l'administration civile du royaume.

Toutes les mesures sont arrêtées pour faire sauter, à la réception d'un ordre spécial, les magasins des poudres à Hanovre. Les ponts des chemins de fer seront détruits, les rails enlevés, les fils du télégraphe coupés. Les Prussiens seront donc privés dans le Hanovre de tout moyen de communication et tout mouvement leur sera rendu impossible dans le royaume de Hanovre. Les magasins des subsistances seront incendiés.

En outre, de l'aide militaire effective, que les populations des pays annexés offriront dans la mesure décrite ci-dessus dans l'éventualité d'une guerre entre la France et la Prusse, le gouvernement français peut également compter sur les dispositions amicales et sur l'aide active plus ou moins prochains des autres gouvernements allemands qui existent encore.

En ce qui concerne tout d'abord le Wurttemberg, il est sûr que la France trouvera auprès du gouvernement les dispositions de s'allier à la France contre la Prusse, plus fortement accentués que partout ailleurs. Le ministre M. de Varnbühler, haït intimement et le plus profondement possible la Prusse et la suprématie prussienne.

Peut-être doit-on compter beaucoup moins sur une semblable disposition en Bavière, où le roi sans caractère n'a point d'idées politiques, et où le gouvernement est corrompu, dit-on, par la Prusse qui aurait employé sous ce rapport des moyens soit moraux, soit matériels.

Toutefois, la Bavière ne se rangera jamais du côté de la Prusse : la politique traditionnelle de la Bavière s'y oppose. La Bavière a toujours aspiré à une position à part en Allemagne.

Mais l'esprit de la population en Bavière, s'accordant avec les sentiments de l'armée, rendra impossible au gouvernement — quand même qu'il le veuille — de se mettre du côté de la Prusse. Toute la population catholique des campagnes du royaume de Bavière nourrit une haine contre la Prusse. L'agitateur très-actif du parti catholique en Allemagne, M. le docteur Zander, aidé par son organe « le Volksbote » — répandu partout — va faire ouvertement une propagande très-vive et demandera au gouvernement de prendre, à un moment donné, une position hostile vis-à-vis de la Prusse.

Dans toutes les circonstances, il est donc présumable que les gouvernements de Wurttemberg et de Bavière prendront dès le commencement de la guerre vis-à-vis de la Prusse, au moins une neutralité hostile. Cette neutralité hostile forcera la Prusse à concentrer sur la frontière du Sud, un corps d'observation considérable.

Dans le cas, où il se recommanderait de répéter la campagne du général Moreau et d'entrer en Allemagne par les provinces du Sud, la France pourra compter sur les alliances successives des gouvernements des États du Sud. Car, aussitôt qu'une armée française paraîtra sur la frontière, et que l'alternative : guerre ou alliance se posera, les populations elles-mêmes forceront leurs gouvernements respectifs à accepter l'alliance de la France.

Le grand-duché de Bade, lui aussi, sera même forcé de suivre cette politique, quoiqu'il est tout à fait sous l'influence prussienne. Car, dans une telle guerre, menacé de tous côtés, il ne pourra trouver aucune protection auprès de la Prusse.

Parmi les États non annexés de la confédération du Nord, il n'y a que le royaume de Saxe, qui seul mérite qu'on s'en occupe.

Là aucun doute est possible.

La Saxe ira, dès le début de la guerre, avec la Prusse. Elle est forcée de faire ainsi, étant placée tout entière dans la sphère de la puissance prussienne. Le roi de Saxe, après une longue lutte, le cœur serré, est entré dans la position nouvelle qui le lie à la Prusse. Il tiendra sa parole et remplira sérieusement les devoirs que la constitution de la confédération du Nord lui impose.

Son caractère bien connu en est garant.

Mais les sentiments qui animent le prince royal de

Saxe et l'armée saxonne, sont tout autres. Le prince royal profitera de la première occasion pour se ranger du côté des adversaires de la Prusse, et les officiers saxons discutent déjà, maintenant et tout ouvertement, la question quand le moment doit être envisagé comme étant venu où les troupes saxonnes doivent passer à l'ennemi de la Prusse.

Si le roi abdique au moment décisif — ce qui est bien possible, — le prince royal n'étant pas lié par aucun traité, aura toute la liberté de la décision et de l'action.

Toujours est-il, que la Prusse ne pourra pas beaucoup compter sur l'armée saxonne.

Elle n'osera pas trop de la mettre en présence des Français, et il est certain qu'après la première défaite de la Prusse, la Saxe se soulevera en masse contre la Prusse.

Il ne reste donc plus à parler que de l'Autriche. L'Autriche est très-affaiblie, par la défaite de 1866, par les difficultés intérieures et par la calamité financière.

Le chancelier de l'empire, M. le baron de Beust, désire conserver la paix et de prendre des forces pendant la paix pour l'action future. L'idée qui motive ce désir est fausse ; elle repose sur un cercle vicieux.

L'Autriche ne se fortifiera jamais pendant la paix. Au contraire, les maux dont l'empire autrichien souffre se feront plus vivement sentir par une longue paix. La jalousie entre les divers pays, réunis sous le sceptre de la maison de Habsbourg, et la mauvaise situation financière de l'Autriche, peuvent être écartées *uniquement*, par le moyen qu'une grande et courageuse politique aura rendu à la couronne de l'Autriche son ancien prestige en Europe et l'ancienne confiance.

Aussitôt que l'Autriche aura reconquis la position qu'elle avait du temps des Kaunitz, des Metternich, etc., elle reprendra en même temps du crédit financier et la puissance nécessaire pour dominer les éléments hétérogènes qui composent la monarchie commune.

Mais aussi longtemps que l'Autriche gardera en Europe sa position actuelle qui est sans influence et sans estime, elle ne doit pas compter que la confiance et la force lui reviennent.

L'idée fautive, sur laquelle repose la politique actuelle de l'Autriche, est peut-être plus tôt fondée sur les désirs personnels de M. de Beust, que sur une combinaison politique.

M. de Beust n'a jamais été l'homme d'une politique courageuse. Élevé comme homme d'État du petit royaume de Saxe, il a transporté dans sa position nouvelle l'horizon étroit et les petits moyens de son ancienne position. Il n'a pu se défaire de cette vanité enfantine, qui l'a dominé pendant toute sa vie.

Peut-être est-ce le désir de conserver sa position de chancelier de l'empire — qui pourrait être menacée par une politique courageuse — ou de se voir fêter comme régénérateur constitutionnel de l'Autriche, qui décident M. de Beust, au lieu de reconquérir la puissance et l'influence de l'Autriche en Europe, de la doter d'une machine de gouvernement tellement compliquée que, bientôt, lui-même ne sera plus en état de pouvoir la diriger.

Mais n'importe et quoi qu'il en soit, la politique de M. de Beust retiendra l'Autriche seulement au commencement de prendre part à l'action.

Car les plus propres intérêts de l'Autriche s'opposent aussi bien à une alliance avec la Prusse, que la haine personnelle et profonde et la soif de vengeance de l'Empereur. M. de Beust ne réussira donc pas à retenir Sa Majesté dès qu'une action quelconque commencera contre la Prusse.

Il y a encore un autre élément qui peut-être entraînera l'Autriche de prendre part sur-le-champ et sans plus d'hésitation, à l'action guerrière.

C'est l'alliance qui existe entre la Prusse et la Russie. Cette alliance gêne la Prusse en ce moment-ci à un très-haut degré, parce que la Russie montre très-visiblement qu'elle n'entend pas à se laisser retenir dans sa politique, pour servir l'intérêt prussien, au contraire elle est décidée à poursuivre résolument ses propres intérêts en Orient. La Russie ne demande pas du tout, si cela conviendra ou non à la Prusse, que les hostilités éclatent en ce moment.

L'Autriche est forcée d'entrer sur-le-champ en action contre une aggression venant de la part de la Russie et elle prépare pour cette éventualité une arme terrible, frappant en même temps et la Prusse et la Russie. Cette arme c'est l'insurrection de la Pologne.

D'après des indices certains il paraît que le gouvernement autrichien est résolu de proclamer, dans une guerre contre la Russie, le rétablissement de la Pologne. On pense peut-être sous ce rapport à la dynastie saxonne. On pourrait rendre populaire ce choix en Pologne, en invoquant des souvenirs historiques. On cédera alors la Galicie. Il est clair comme le jour combien est dangereuse aussi bien pour la Russie que pour la Prusse, une insurrection bien organisée de la Pologne, ayant sa base d'opération en Autriche même.

En tout cas, l'Autriche est — quand même qu'elle resterait neutre au commencement — une menace continuelle pour la Prusse et absorbera une certaine quantité de troupes d'observation prussiennes.

Si l'on résume tout ce qui est exposé dans ce Mémoire, on arrivera à admettre pour vraies et justifiées les conclusions que voici :

1° Dans le cas d'une guerre entre la France et la Prusse, l'esprit public en Allemagne se tournera contre la Prusse, tandis qu'il se montrera amical vis-à-vis de la France, du moment où le gouvernement français déclare de ne pas vouloir entreprendre de conquêtes, mais vouloir affranchir et l'Allemagne du joug prussien et l'Europe du danger continuel d'une guerre qui se trouve personnifié par la Prusse;

2° Soutenus par l'esprit et l'opinion publics, les pays

annexés mettront par leur activité militairement organisée à la disposition de la France, un secours matériel et moral d'une très-grande portée ;

3° Dès le commencement de l'action, les gouvernements allemands et l'Autriche avec affaibliront la Prusse en lui imposant la nécessité de les faire observer par des corps d'armée considérables. Ils prendront tôt ou tard, selon le développement ultérieur des événements, ou une position hostile vis-à-vis de la Prusse, ou ils se jetteront sur elle.

Et en ceci, on n'a pas encore fait valoir que le Danemark, lui aussi, absorbera des forces prussiennes, et que l'état de misère dans les provinces orientales de la Prusse rendra l'appel de la landwehr très-difficile dans ces provinces.

Si enfin, on réfléchit que l'Angleterre est forcément exclue de participer à l'action, par le mouvement fénian et par la révolution qui pointe déjà à l'horizon, on doit bien certainement acquérir la conviction que pour la France jamais le moment était plus propice qu'à présent pour détruire la puissance antinationale de la Prusse et qui est contraire à la nature des choses, pour rétablir l'organisation historique de l'Allemagne, pour reconstituer l'équilibre européen et pour garantir la paix universelle reposant désormais sur une base durable et toute nouvelle.

Si donc le gouvernement français se met résolument et courageusement à la solution de cette tâche et la remplit victorieusement, le prestige de la France n'aurait jamais été si élevé, et aucun gouvernement n'aurait donné à la nation française une gloire plus pure et plus brillante que la dynastie de Napoléon III.

*(Non signé.)*

# XX

**Dépêches relatives à la guerre d'Italie**
**(1866).**

---

Florence, 20 juin 1866; 9 h. 50 m.

A Sa Majesté Napoléon III.

Monsieur mon frère, je préviens Votre Majesté que, fidèle à la Convention faite avec la Prusse, je viens ce matin d'envoyer déclaration de guerre à l'Autriche. Mon armée qui se trouve en présence de l'ennemi est en ce moment forte de plus de 250 mille hommes actifs. J'ai une réserve de 500 mille hommes et bientôt je puis en avoir une autre égale. Je pars demain matin pour prendre le commandement de l'armée. J'ai le cœur gai et beaucoup de foi dans l'avenir.

Je remercie Votre Majesté de tout ce qu'elle a fait pour nous et vous prie de ne pas nous oublier et moi en particulier qui suis de Votre Majesté le bon frère,

Victor-Emmanuel.

Reichenberg, 6 juillet 1866, 10 h. 1/2 du matin.
Quartier général de Gorritz, 5 juillet.

A S. M. l'Empereur des Français, à Paris.

Sire,

Guidé par la confiance que m'inspirent notre affection mutuelle et la solidarité d'intérêts importants de nos deux pays, j'accepte la proposition que Votre Majesté m'a faite et je suis prêt à m'entendre avec Elle sur le moyen de rétablir la paix.

Hier déjà le général Gablentz m'a demandé un armistice en vue de négociations directes.

Par un télégramme chiffré à l'adresse de mon ambassadeur, j'indiquerai à Votre Majesté les conditions dans lesquelles la situation militaire et mes engagements envers le Roi d'Italie, me permettront de conclure un armistice.

De Votre Majesté,
Le bon frère
WILHELM.

D'après le traité que j'ai conclu avec le roi d'Italie, le 8 avril, la guerre une fois déclarée, la paix ou un armistice ne *peuvent* être conclus que d'un commun accord. A cette condition je serai prêt à conclure un armistice, pourvu que l'approvisionnement de mon armée et les résultats militaires obtenus jusqu'ici soient assurés. C'est ce que j'ai déclaré hier au général de Gablentz, qui voulait en référer à Vienne.

WILHELM.

Paris, le 9 juillet 1866; 1 heure.

A S. M. le Roi d'Italie,
    A Cigognolo.

Puisque Votre Majesté accepte l'armistice qu'elle donne l'ordre à ses troupes de s'arrêter. Le prince Napoléon et un aide de camp partent ce soir.

Mantoue et probablement Vérone vous seront remises immédiatement.

Je crois avoir trouvé un moyen de satisfaire l'honneur de chacun.

A S. M. le Roi d'Italie.

Le Roi de Prusse accepte le principe de ma modération et l'armistice, si j'ai son consentement, je tâcherai de faire remettre les forteresses comme gages de l'armistice. Si Votre Majesté refuse, je serai obligé de prendre un parti.

(*De la main de l'Empereur.*)

Cignolo : La cession de la Vénétie, faite par l'Autriche à la France, a exaspéré les esprits au dernier point. Tâchez de nous la faire céder directement avec les forteresses comme gage de l'armistice. Dans ce cas, et avec l'entente de la Prusse je pourrais accepter l'armistice.

Victor-Emmanuel.

A Nikolsburg, le prince royal de Prusse concilie. Le roi cède. L'Autriche donne la Vénétie, à la condition que Napoléon lui fait avoir un armistice immédiat pour régler l'évacuation des places et l'enlèvement du matériel de guerre.

L'Italie est blessée, la Prusse est résolue.

Napoléon maintient l'intégrité du territoire autrichien, sauf la Vénétie.

# XXI

**Lettre de Mazzini (Joseph) à Victor-Emmanuel.**

---

Sire,

Pouvez-vous au milieu du bruit des louanges lâches et des serviles flatteries dont vous entourent les avides intrigants, les ambitieux d'un jour, et ceux qui sont nés courtisans de tous les pouvoirs, pouvez-vous discerner et entendre la parole d'un homme qui ne craint rien, n'espère rien de vous, et dont la seule ambition est de vivre et de mourir en paix avec sa propre conscience? Êtes-vous capable d'écouter, entre les adhésions prématurées des provinces entières, et les notes insidieusement caressantes de toute une diplomatie, la voix solitaire d'un individu qui n'a d'autre mérite que d'aimer l'Italie d'un amour immense et désintéressé, et vous dire à vous-même.: « La vérité pourrait-elle venir à moi par cette voix? » Alors écoutez-moi, parce que moi, en vous parlant, je ne puis vous dire que la vérité, ou ce que mon intelligence me fait croire vrai. Républicain de foi, chaque erreur du Roi devrait, si je ne regardais qu'à mon parti, me sourire comme un élément de condamnation pour la monarchie. Mais comme j'aime plus la patrie que mon parti, vous pourriez, en le voulant, l'aider avec efficacité à se lever et à vaincre. Je vous écris sur la terre italienne, où la persécution d'un petit gouvernement qui parle de liberté, et maltraite comme les ducs, les exilés qui lui ont appris ce mot, et l'égarement d'un peuple qui se fait illusion, et le froid abandon des hommes maintenant puissants et qui ont été mes amis, devraient me faire croire qu'en Italie, tout sentiment de libre conscience et de libre avenir est mort. Mais dans les entrailles de cette terre jadis peuplée de grandes âmes, et dont le regard erre de la pierre de Dante aux patriotiques défenses élevées par Michel-Ange, il court un puissant frémissement de vie, que trois siècles de tyrannie sacerdotale et étrangère n'ont pas pu éteindre, et qui attend l'heure de se rallumer ; vie concentrée, énergique, collective du peuple qui fut libre et républicain, quand l'Europe était plongée dans les ténèbres de la féodalité, qui de temps en temps s'est changée en éruptions volcaniques, de Procide à Masaniello, des Gènevois en 1746 aux cinq journées lombardes, et qui engloutira un jour les misérables pygmées qui, aujourd'hui, essayent de la singer. C'est au nom de cette vie, existence d'un peuple qui n'est pas, mais qui sera, existence, non d'une partie de l'Italie, plutôt que d'une autre, mais de l'Italie tout entière, qui a son centre à Rome, qui regarde tous les membres de ce pays depuis Trente jusqu'à Capo-Passero, que je vous parle aujourd'hui. Vous ne connaissez pas cette vie, Sire, si vous la connaissiez, vous n'auriez pas mendié le secours des étrangers pour votre entreprise. Les courtisans, qui entourent le trône, vous la cachent par calcul, ils savent qu'ils ne pourraient pas la gouverner. Les intelligences médiocres qui ont été ou qui sont vos ministres, et qui étudient le secret de cette troisième existence de la nation, dans les pages écrites par Machiavel, sur son cadavre, ne peuvent pas vous la révéler. La diplomatie, qui assiége votre esprit, la nie, parce qu'elle en tremble ; je la connais, moi, parce que sorti du peuple, je l'ai étudiée dans l'amour et dans la douleur, dans le sacrifice de choses plus chères, et avec l'âme pure de tout désir intéressé. Sire, vous êtes fort, fort seulement que vous veuillez de cette vie, fort de la puissance invincible qui se trouve dans un peuple de 26 millions d'habitants d'accord en une seule volonté; fort plus que tout autre prince qui soit actuellement en Europe, du moment qu'il n'y en a pas un autre, qui soit aujourd'hui autant aimé de son peuple, que vous pourriez l'être avec un seul mot : « Unité. » Vous n'avez pas osé le prononcer ce mot, c'est pourquoi, vous ne savez pas ce qu'il peut être, et ce que peut vous donner l'Italie. Vous ignorez la puissance que peut vous donner ce mot prononcé avec résolution.

L'Italie cherche l'unité, elle veut se constituer en nation, une et libre. Dieu décrétait cette unité quand il l'enclavait entre les Alpes éternelles et la mer éternelle. L'histoire écrivait Unité sur les murs de Rome, et la pensée unitaire, en sortait tellement puissante, que passant les limites de la patrie, deux fois elle a réduit l'Europe à l'Unité. Le travail lent des siècles a tellement diminué les différences que les invasions, les colonies et les conquêtes avaient semées, entre les familles sur notre terre, que plus qu'aucun autre, notre peuple représente presque universellement, quoiqu'esclave et divisé dans les usages et dans la vie sociale, le sentiment de l'égalité.

L'unité de l'Italie fut le rêve de nos grands hommes, de Dante à Machiavel et de Machiavel à Alfieri. Au nom de l'unité se meurent depuis un demi-siècle nos meilleurs partisans, le sourire sur les lèvres, sur l'échafaud, ou les armes à la main, de Messine à Venise et de Mantoue à Sapri. Au nom de l'unité, nous avons initié et maintenu, sans moyens et sans influence, persécutés et cent fois battus, une agitation sans cesse croissante, au point de faire en Italie, de la question italienne, une question européenne et de fournir à vous et aux vôtres, Sire, le terrain qui, aujourd'hui, vous procure louanges et puissance. L'unité est le vœu et le désir de toute l'Italie. Une patrie, un drapeau national, un seul pacte, un siége entre les nations de l'Europe, et Rome capitale, voilà le symbole de chaque Italien.

Vous avez parlé d'indépendance, et l'Italie s'est remuée et vous a donné 50,000 volontaires, ce n'était que la moitié du problème. Parlez-lui de liberté et d'unité, elle vous en donnera 500,000.

Qu'est-ce que c'est que l'indépendance pour Naples, pour la Sicile, pour la moitié des provinces romaines ? Plus de 12 millions d'Italiens gémissent sous une tyrannie citoyenne, pareille à celle exercée sur la Vénétie par l'étranger. Le sbire et le prêtre s'opposent au développement de la vie. Le bagne, le bâton, les bourreaux sont les soutiens du gouvernement. Qu'importe aux malheureux Pérousins, qu'importe aux habitants harcelés de Naples et de Sicile, si la puissance de l'Autriche ne s'étend pas au delà du Mincio ? Et Venise ? et Rome ? Où est l'Italie sans Rome ? Depuis dix ans, il y a là, comme une bête féroce acharnée sur le cadavre d'un homme, 10,000 Français, étrangers aussi, et la tyrannie du Pape ne se soutient qu'avec ce secours. Vous vous êtes allié avec eux, votre indépendance ne protége pas le sanctuaire de l'Italie

Ah Sire! ne reprochez pas à l'Italie de ne pas vous avoir donné davantage; admirez-la pour avoir jeté à vos pieds, sans la moindre condition, la vie de 50,000 jeunes gens, sur une promesse aussi tronquée, aussi mesquine et trompeuse que celle dont vous l'avez régalée.

Et faites attention ! Malgré les détours et les contradictions de ces promesses, il y avait tant de confiance en vous, Sire, tant était grande la force d'une grande douleur et d'un long espoir, tant était profonde la conviction que le Piémont, une fois l'épée dégainée, n'aurait pas voulu rester à moitié chemin, que l'Italie était prête à bien d'autres choses. Mais vos amis n'ont pas voulu; ils craignaient le peuple, ils tremblaient dans la conscience toujours croissante de ses droits, ils craignaient encore que vous ayez appris à la connaître. Savez-vous, Sire, avec quel artifice, quelle insistance de lâche prédication, ils ont étouffé, pendant cinq jours, toute flamme d'enthousiasme, et toute noble pensée de sacrifice dans ce peuple qu'on voulait appeler à revivre? Savez-vous comment enseignaient, ceux qui parlaient en votre nom, l'unique vertu, la discipline, l'inertie, comme si les nations devaient se préparer à de grands faits, par des institutions jésuitiques ? Comme nous avons été calomniés par système auprès des multitudes, nous qui leur avons enseigné, au nom de l'unité (unité inévitablement royale, si le Roi la faisait) la vertu de la lutte, du sacrifice, et du savoir-mourir, gage certain de vie? Les feuilles qui proclamaient votre cause, comment ont-elles profané par le mépris, quand ce n'était pas par de méchants soupçons, l'entreprise audacieuse de 1853, la protestation de Bentivegna, le tombeau vide de Pisacane? Savez-vous comment les vôtres ont refusé le premier mouvement que les Milanais voulaient faire, quand les Autrichiens étaient encore peu nombreux, et qu'on pouvait les prendre à l'improviste? Savez-vous comment, à la Sicile prête à s'insurger et à se soulever par les retards de la guerre, on a dit : *Non, attendez le signal*, et le signal, par des raisons cachées, n'est jamais parvenu? L'insurrection du Sud, pendant qu'au Nord la guerre éclatait, aurait créé, en votre nom, l'Unité de l'Italie, et aucun de ceux qui s'agitaient autour de vous ne voulait ou n'osait vouloir l'Unité.

En attendant, on persuadait à ce pauvre peuple de ne pas avoir confiance en lui-même, à perdre toute vertu initiative, à attendre son salut, non pas de sa propre fureur, mais des bataillons rangés, de l'artillerie et des généraux en chef, et nous en avons vu les effets. Mais si de l'inertie de plusieurs, et de l'incertitude de tous, Sire, vous avez tiré la conséquence que ce peuple ne conserve en lui d'autre vie que celle qu'il montrait dans les derniers mois, vous ferez croire que vous n'en connaissez ni la nature ni l'histoire, et que vous avez oublié les actes des 10 à 11 années passées. Les manifestations de la voix d'un peuple sont en raison du but qu'on lui propose, et de l'audace des chefs qui le dirigent. Sire, il ne faut pas l'oublier, vous n'avez pas fraternisé avec le peuple de l'Italie, et vous ne l'avez pas appelé à fraterniser avec vous. Séduit par la mauvaise politique d'un ministre qui a préféré, au rôle de régénérateur, les artifices de Lodovico il Moro, vous avez refusé le bras de votre peuple, et vous avez appelé, sans en avoir besoin, à un moment funeste, comme alliées, les armées d'un tyran étranger. Je dis sans besoin, car si vous aviez appelé les Lombardo-Vénitiens à une prompte insurrection, et que vous vous soyez tenu prêt à l'aider, quand l'Autriche se trouvait faible et dépourvue en Italie, ils auraient reconquis sans doute leur pays, entre les Alpes et la Mer, et il ne vous restait, pour terminer la guerre, que de courir sur les sommets du Tyrol et de la haute Vénétie, en méprisant le reste des ennemis cachés dans leurs forteresses.

Dans cette heure, de laquelle vous devez dédommagement à l'Italie, vous avez perdu les 9/10 des forces que le pays était prêt à vous donner; vous avez perdu les hommes, et ils sont bien plus nombreux que ce que voulaient vous faire croire les courtisans, qui, comme nous, n'adorent pas aveuglément l'idole de la force et ne sacrifient pas leur conscience à un mensonge. Vous avez perdu tous ceux qui, à la vue des importants préparatifs d'une guerre régulière, se sont dit : *Ils n'ont pas besoin de nous*; vous avez perdu le peuple qui s'est méfié, et qui a dit : *le Roi ne veut pas de nous*; vous avez perdu la consécration du saint enthousiasme, des saints ressentiments, des saintes audaces, qui créent la victoire, vous avez perdu l'aide puissant de la révolution, sans laquelle on ne fonde pas en Italie l'Unité. Parce que, Sire, par la malencontreuse alliance que vous avez faite, vous avez ôté à la cause de l'Italie, l'auréole de vertu, qui la faisait chère aux hommes et à Dieu, pour la faire fraterniser avec le vice et l'égoïsme ; vous la faisiez descendre de la hauteur d'un *principe* à la fange d'un *intérêt* et des ambitions d'autrui ; vous mettiez une œuvre de liberté, sous la tutelle du despotisme ; vous ôtiez toute sanction de moralité à l'entreprise ; vous souilliez votre main libératrice par l'attouchement d'un homme dont la main saigne du meilleur sang de Rome et de Paris ; et pour ce qui vous concerne, Sire, au lieu d'un allié, vous vous donniez un maître.

Non, Sire, n'accusez pas l'Italie de froideur ; ne vous défiez pas de cette terre qui, quoique divisée et partagée, a su se faire le centre de toutes les questions d'Europe, par sa constance, dans ses tentatives, et la longueur de son martyre ; qui, après s'être réveillée un moment, a été capable de détruire en 5 jours, en Lombardie, une armée de 75,000 hommes ; capable de résister pendant 2 mois à Rome avec 14,000 hommes réunis, sous le drapeau du peuple, à 30,000 et plus soldats français ; capable de résister avec une armée improvisée pendant 18 mois à Venise, aux Autrichiens, à la faim et au choléra ; capable de se battre, comme elle s'est battue avec les bras du peuple, à Brescia, à Bologne, à Palerme, à Messine ; vous ne l'avez jamais voulu.

Sire, voulez-vous l'avoir ? L'avoir vraiment splendide d'enthousiasme, de foi et d'action ? L'avoir avec de telles forces qui obligeraient la diplomatie à s'arrêter, épouvantée, et disperser tous les projets des ennemis ? Osez !

La prudence est la vertu des temps et des conditions normales. L'audace est le génie des forts dans les circonstances difficiles. Les peuples la suivent parce qu'ils y voient un indice de ceux qui ne les trahissent pas dans le danger. La foi engendre la foi. Les temps sont mûrs pour une entreprise ; en la puissance de l'initiative réside le secret de la victoire.

Si, aujourd'hui encore, craintifs et entraînés, nous suivons la fortune de la France et ses volontés, c'est parce qu'il y a un demi-siècle, un homme puissant, Danton, résumant la valeur du mouvement dans la parole : *Audace*, et une Assemblée s'est faite, devant l'Europe en armes, l'incarnation de ce mot. De ce jour date l'unité inviolable de la France.

Sire ! l'Italie vous sait brave dans les camps, et prêt à donner votre vie pour l'honneur. Sire, le jour où vous vous déciderez à donner votre couronne pour l'unité nationale, vous ceindrez la couronne d'Italie.

L'Italie vous sait brave dans les camps, mais si cette vertu est rare chez un roi, le dernier de vos volontaires peut s'en parer, et la vie lui est sacrée par des affections de mère, de sœur et d'amie, qui sont la couronne de son âme. L'Italie a besoin de vous savoir vaillant dans le conseil, puissant de cette volonté qui suit un chemin, sans s'arrêter aux obstacles, fort du courage moral qui, ayant aperçu un devoir, une haute entreprise à conduire au but, s'en fait une étoile et la suit bravement sans s'arrêter en face des flatteries ou des menaces ; vous pouvez, je le crois, vous montrer tel, et voilà pourquoi je vous écris, Sire, vous êtes-vous montré tel ?

Sire, vous avez accepté la paix de Villafranca et vous avez refusé, car l'acceptation soumise à l'arbitre des gouvernements étrangers est un refus, les vœux de plusieurs millions d'Italiens qui, croyant se donner à l'unité, se sont donnés à vous.

Le premier fait jetait l'Italie aux pieds d'un étranger ; le second efface le droit italien au profit d'un principe étranger. L'homme et le principe sont tous les deux une incarnation du despotisme.

Sire, trop de courtisans travaillent à rendre nul le sentiment du bien qui peut se trouver en vous, pour que je ne vous dise pas la vérité. L'acceptation de la paix de

Villafranca serait le fait d'un lâche, s'il ne vous appartenait pas.

La louange au père, Sire, ne vous déplaira pas, même si elle renferme un reproche pour vous ; vous avez le temps de lui donner une réponse glorieuse et solennelle. Sire, votre père n'aurait pas attaché son nom à ce pacte, votre père, lui aussi, dans sa vie de combats et d'incertitudes, a manqué d'énergie dans le but et de confiance dans le peuple italien. Mais quand, après la fatale déroute de Novare, il a vu qu'il ne lui restait qu'à régner soumis et vaincu et qu'à signer de son nom des conditions humiliantes, il a jeté avec dédain la couronne et a pris de son gré le chemin de l'exil. Vous avez signé le pacte humiliant après trois ou quatre victoires.

Vous avez signé un pacte qui trahissait Venise, l'Italie, vos promesses et les hommes qui, sur la foi de celles-ci, s'étaient empressés d'accourir de toutes les parties de l'Italie pour combattre à vos côtés, un pacte qui vous était imposé par l'étranger, imposé par celui qui était descendu comme votre allié et se faisait soudain un maître insolent, imposé, sans même vous appeler pour le discuter, imposé avec malhonnêteté par un homme qui vous regardait comme nul et incapable de vous y opposer. Et pour que l'Europe vous juge bien plus avide d'honneurs que de proies, vous avez accepté, faisant une blessure mortelle à l'Italie et à vous, que la Lombardie vous fût donnée en fief et de seconde main par un maître étranger. Sire, un bourgeois de notre temps ne souffrirait pas un tel affront. Je ne sais pas de quelle matière sont formées les âmes des rois, mais je sais bien que si j'étais en vous, je ne pourrais pas dormir une seule nuit, sans que l'image de Venise, pauvre, sainte, héroïque et trahie ne se présentât comme un reproche affreux dans mes songes, je ne pourrais pas même dans le jour parcourir les rangs de mes soldats et y voir les volontaires de Pérouse et de Rome, sans que le rouge ne me montât au visage.

Je ne parle pas de l'acceptation *sous condition* des vœux des provinces du centre; c'est une malheureuse conséquence du premier fait. Vous ne vous apparteniez plus. Devenu vassal de la France impériale à Villafranca, vous êtes forcé dans vos réponses d'en demander les inspirations à Paris.

Sire, au nom de l'honneur, au nom de l'orgueil italien, déchirez ce pacte exécrable; ne craignez-vous pas que l'histoire ne dise de vous : *Il fit un marché de l'enthousiasme crédule des Italiens, pour grossir ses propres domaines.*

Sire, je ne le crois pas, je vous crois le meilleur de vos ministres et des faiseurs de politique qui vous entourent, et je l'ai écrit, il y a trois ans, quand vos amis m'ont condamné à la mort pour avoir tenté, avec les armes de la Ligurie, d'aider le mouvement qu'un ami généreux commençait dans le Sud. Je crois que vous avez en vous-même une étincelle d'amour et d'orgueil italien. Mais si c'est vrai, si ce que j'ai ressenti en lisant récemment quelques simples et libres paroles adressées à je ne sais quelle flatteuse députation, n'est pas une illusion de ce que je désire, ne possédez-vous pas assez d'énergie pour vivre par vous-même? Au nom de Dieu, chassez loin de vous ces pygmées, conseillers de lâcheté, comme le lion chasse, en secouant sa crinière, les insectes qui le harcèlent. Pourquoi vous êtes-vous chargé, au commencement de la guerre, de la dictature? Pour caresser les désirs despotiques de votre allié? Pour imposer silence, par d'abjectes et viles persécutions, aux hommes qui, comme moi, osent dire la vérité?

Nos pères se chargeaient de la dictature pour sauver la patrie de la menace de l'étranger. Prenez-la, pourvu que vous en soyez le libérateur. Mais commencez par vous délivrer vous-même des hommes qui ont trahi la liberté italienne, pour la jeter dans les mains du bourreau de Rome et de la foule impuissante qui enchaîne dans des artifices diplomatiques la pensée de votre âme.

Sire, la guerre italienne n'est pas finie, elle n'est que commencée. Pour vous, les victoires de la Lombardie ne doivent compter que pour la première campagne; c'est à vous, d'après vos promesses, qu'il appartient de la faire recommencer, à l'Italie de la soutenir et de la conduire à bonne fin. Mais ce n'est pas en gagnant du temps que vous pouvez en atteindre le but. Les 10, les 20, les 30,000 hommes que vous pouvez ajouter à votre armée ne sont rien en comparaison de ce que vous perdez en temporisant. L'Italie s'énerve dans le scepticisme et le découragement, l'enthousiasme s'éteint, la diplomatie répand les germes de la dissolution, les questions se localisent et le mouvement perd son caractère national.

Vous auriez dû repousser dédaigneusement le pacte de Villafranca; vous auriez dû dire à Louis-Napoléon : « Je ne trahis pas mes promesses, » et dire à l'Italie : « *L'Allié étranger nous abandonne, je continue seul la guerre, et je demande au pays les hommes que cet abandon enlève à l'armée.* »

Vous ne l'avez pas fait, mais il en est temps encore. Fraternisez avec le peuple, fraternisez sans crainte avec la révolution. Vous trouverez en elle des forces plus que suffisantes pour cette entreprise. Les 120,000 hommes que le Piémont et le centre vous donnent, suffisent pour assurer l'insurrection générale de l'Italie. Vous en retirerez encore 120,000 soldats réguliers et tout un peuple en armes, pour appuyer et faciliter les opérations de l'armée, la garantie sur les flancs dans ses mouvements, faire à chaque pas éprouver des pertes à l'ennemi et lui ôter en un instant la force et le courage.

Une armée, et l'insurrection de tout un peuple, vous pourriez, Sire, l'avoir en un moment; mais pour l'avoir, une chose est nécessaire :

Oser.

Dites à Louis-Napoléon : « Je me méfiais de l'Italie;
» j'ai accepté une paix qui ne m'appartient pas. Mais
» l'Italie ne s'est pas méfiée de moi, et je sens l'obliga-

» tion que m'impose sa confiance. Je retire l'acceptation.
» Je ferai, libre de tout lien, ce que Dieu et ma patrie
» m'inspireront. A vous, je ne demande qu'une chose :
» de vous abstenir de toute intervention dans nos affaires
» et de laisser, comme vous l'avez promis, l'Italie libre
» de terminer seule l'entreprise que vous avez commen-
» cée avec moi, et à cette condition, vous aurez ma recon-
» naissance, et l'Italie sera toujours l'amie de la
» France. »

Dites aux gouvernements de l'Europe : « Vous avez
» effacé le vieux droit européen, les traités de 1815, en
» Pologne, en Belgique, en France, en Orient, partout!
» L'expérience de ces quarante dernières années vous a
» démontré, et vous l'avez avoué plusieurs fois, qu'il ne
» peut exister de paix possible en Europe qu'en acceptant
» le principe, que chaque peuple doit arranger lui-même
» ses affaires intérieures. Nous allons nous mettre en état
» d'adopter ce principe. Au nom du droit italien, je vous
» demande de nous laisser libres et seuls. Contre l'Au-
» triche, nous ne demandons d'autre aide que nos épées;
» faites seulement que personne ne l'aide; soyez les gar-
» diens du camp, et rendez une justice tardive au peuple
» d'où vous est venu en grande partie la civilisation dont
» vous jouissez dans vos contrées. »

Dites aux Italiens : « Vous m'avez salué premier sol-
» dat de votre indépendance, et je ne trahirai pas la
» mission que vous m'avez confiée. Il n'y a pas d'indé-
» pendance pour les esclaves, ni force possible pour
» ceux qui sont divisés; soyez donc un peuple libre et
» uni : que la victoire arrête la longue série de vos mar-
» tyrs; depuis 1848, vous avez montré que les temps
» sont mûrs pour ceci; maintenant, levez-vous donc,
» levez-vous tous, renversez les barrières artificielles qui
» vous entourent et vous divisent, comme je déchire tous
» les anciens pactes contraires à votre unité. Délivrez-
» vous de tous ceux qui vous oppriment; réunissez-vous
» et vous verrez, sous le drapeau tricolore, luire l'épée

» que je dégaine. Si Dieu m'aide, et si vous faites votre
» devoir, je ne la remettrai dans le fourreau qu'à Rome,
» où vos représentants dicteront le pacte d'amour pour
» les 26 millions qui peuplent notre Italie. Mais faites
» attention : outre les 200,000 hommes que je réunis
» autour de moi, je vous demande les moyens néces-
» saires pour les maintenir en action ; je vous demande
» une confiance sans bornes, je vous demande pour
» vaincre de vous tenir prêts, comme moi, à mourir.
» Esclaves ou grands, il n'y a pas de milieu pour
» nous. »

Sire, les Italiens seront grands le jour où vous prononcerez de telles paroles ; les partis disparaîtront entre nous, deux seules choses auront leur nom en Italie : le peuple et vous.

Sire, que craignez-vous : l'Autriche ? Avec l'Italie entière rangée sous votre drapeau, car le langage que je vous conseille vous assure Naples et la Sicile ? Avec la Hongrie prête à s'insurger et à fraterniser avec nous ? L'Angleterre ? L'Angleterre est avec nous, pourvu que vous ne soyez pas avec Louis-Napoléon. L'allié ? L'allié est venu s'associer à vous en Italie pour tenter de regagner, en se faisant le protecteur d'une noble cause, une auréole populaire perdue ; il ne peut pas la combattre aujourd'hui, il ne peut pas dire à la France : *Je t'ai demandé l'or et le sang de tes fils contre l'Autriche au profit de l'Italie, maintenant je demande tout ça au profit de l'Autriche contre l'Italie.* L'allié s'est pressé de faire la paix, parce qu'il se sentait menacé dans ses domaines par l'invasion de l'Allemagne, et cette invasion est suspendue comme une continuelle menace sur sa tête. Hier il pouvait, pour arriver à ses fins, jouer le rôle d'émancipateur, mais celui de tyran, en dehors des confins de la France, lui est défendu aujourd'hui par la Prusse, l'Allemagne, l'Angleterre et par les symptômes qui commencent à se manifester en France.

Non! la première guerre de Louis-Napoléon ne se fera

pas contre vous, Sire, elle se fera contre l'Angleterre et contre l'Allemagne.

Sire, à quoi bon vous parler de choses qui devraient vous être connues bien plus qu'à moi? Je vous appelle à une grande entreprise, dans laquelle celui qui se sent fort compte les amis, jamais les ennemis. Je vous appelle à une alliance de 26 millions d'Italiens, maîtres, pourvu qu'ils soient réunis et guidés par leurs propres destinées. Je vous invite à vous mettre à la tête d'une révolution nationale qui, si quelqu'un ose l'arrêter, trouvera pour alliés tous les peuples qui n'ont pas de patrie libre. Je vous appelle à une initiative qui peut devenir européenne.

La moitié de l'Europe, Sire, tressaillira et applaudira au lever de l'Italie, comme elle a tressailli, applaudi et aidé au lever des États-Unis, de la Grèce, de tout peuple qui veut se faire nation, de tout grand événement providentiel; l'autre moitié se retirera soupçonneuse, mais tremblante. La diplomatie ressemble aux fantômes de minuit, menaçante, géante aux yeux des peureux, elle fond en un brouillard subtil devant ceux qui l'abordent avec résolution. Sire, osez, éloignez de vous ceux qui craignent ou qui vous inspirent des craintes; entourez-vous de quelques hommes dont la vie passée soit un gage de fermeté de principes, d'amour vrai pour l'Italie, de puissance dans la volonté; donnez au peuple un gage de liberté; laissez vivre la presse, les associations publiques et la parole. Presse, association, réunions publiques créeront autour de vous l'agitation et l'enthousiasme dont vous tirerez autant de force que vous voudrez. La liberté n'a de dangers que pour ceux qui veulent la trahir.

Oubliez un moment que vous êtes le Roi, pour devenir le premier citoyen, le premier soldat armé de la nation. Soyez à la hauteur du rôle que Dieu vous destine, sublime comme le devoir, audacieux comme la foi. Veuillez et dites-le; vous les aurez tous, et nous les premiers. Avancez sans regarder ni à droite ni à gauche, au nom de la justice éternelle, au nom du droit éternel, à la sainte croisade de l'Italie, et vous vaincrez avec elle.

Alors, Sire, quand, au milieu des applaudissements de l'Europe, de l'ivresse reconnaissante de vos amis, content du bonheur de plusieurs millions d'individus, heureux dans votre conscience d'avoir accompli une œuvre digne de Dieu, vous demanderez à la nation quelle place elle réserve à celui qui a donné sa vie et son trône pour la rendre libre et unie, soit que vous veuilliez passer à la postérité avec le titre de président à vie de la République italienne, soit que l'idée royale et dynastique trouve encore place dans votre âme, Dieu et la nation vous béniront. Pour moi, républicain et prêt à aller mourir en exil, pour conserver pure jusqu'au tombeau la foi de ma jeunesse, vous m'entendrez néanmoins crier avec mes frères de patrie : Président ou Roi, que Dieu vous bénisse, vous et la nation pour laquelle vous avez osé et vaincu.

Florence, le 20 septembre 1859.

Signé : Joseph MAZZINI,
surnommé PIPO.

## XXII

**Travail de M. Edmond About.**

Sire,

Votre Majesté a daigné me permettre de lui exposer par écrit un projet dont le but est d'établir des relations directes et continues entre l'Empereur et la nation. Ni le système représentatif tel qu'il est, ni la presse, telle que nous l'avons, ne suffisent à entretenir une exacte harmonie entre les actes du pouvoir et les vœux des Français. Les esprits les moins turbulents sentent un désaccord et redoutent des malentendus qui pourraient être graves. L'expérience a démontré plus d'une fois, et notamment dans la question mexicaine, que le prince et le peuple peuvent avoir des aspirations différentes et recevoir d'un même point des informations contradictoires. L'auteur de cette modeste note était lié avec d'excellents officiers du corps expéditionnaire; avant Puebla, il abondait en renseignements décisifs, en prophéties malheureusement trop vérifiées, qu'il n'a pu ni publier dans les journaux, ni faire parvenir à Votre Majesté. Sur beaucoup d'autres questions, plus actuelles encore, le premier venu est à même de tâter l'esprit public et de recueillir une impression presque unanime que le monde officiel cache ou déguise à l'Empereur.

Le meilleur et peut-être le seul moyen de prévenir tout désaccord serait de provoquer une perpétuelle confidence du peuple français adressée à Votre Majesté, recueillie et commentée par un certain nombre de lecteurs impériaux, ou conseillers libres, que l'Empereur choisirait lui-même dans l'opposition. J'ai cherché à mettre en lumière les moyens et les résultats de ce système, j'ai parlé aussi librement qu'on doit le faire lorsqu'on s'adresse à l'homme le plus grand et le plus libéral d'un peuple libre. Quel que soit le sentiment de Votre Majesté sur l'utilité pratique de ce projet, j'espère qu'Elle y verra le rêve d'un bon citoyen et le dévouement d'un très-humble et très-fidèle sujet.

Edmond About.

# NOTE

*sur la création d'un nouveau corps politique (conseillers libres de l'Empereur).*

## I

Le Gouvernement de l'Empereur Napoléon III se distingue de ceux qui l'ont précédé par un caractère à la fois démocratique et personnel. C'est l'union étroite et pour ainsi dire conjugale d'une nation avec un homme. Les aptitudes du prince et son amour du bien sont hors de doute, la confiance et la reconnaissance du peuple envisagé dans sa masse sont également hors de soupçon.

Mais pour conserver l'harmonie et prévenir ces terribles malentendus qu'on appelle révolutions, il importe que les deux contractants, le peuple et l'Empereur, vivent en communication directe et continue.

Le système représentatif, tel qu'il est organisé, ne répond pas suffisamment à ce besoin, les neuf dixièmes des députés sont choisis par les préfets et le ministre de l'intérieur avant d'être élus par le peuple. Les préférences de l'administration se portent naturellement sur des hommes sûrs, c'est-à-dire acquis d'avance non-seulement au principe et à la dynastie, mais à toutes les idées et à tous les projets qui pourront se produire dans le cours d'une législature, sous l'estampille du pouvoir. Les candidats officiels s'engagent tacitement à rester jusqu'au bout, et en toute occasion, des députés agréables : il suit de là que le pouvoir, si par malheur il se trompait, serait confirmé dans son erreur par la majorité du Corps législatif.

La nation n'ignore pas cet inconvénient du système; mais comme elle est solidement attachée à l'Empereur, comme les ministres et les préfets, à chaque élection, lui mettent pour ainsi dire le marché à la main et lui disent dans l'imprudence de leur zèle : *il s'agit de voter pour ou contre l'Empereur*, elle nomme les candidats officiels : ce n'est pas toujours sans regret. La minorité de la Chambre, le dixième qui pénètre au Palais-Bourbon malgré les ministres et les préfets, n'y arrive que mécontent, aigri, quelquefois exaspéré par le ressentiment des luttes électorales. Le zèle des administrateurs qui voient leur avancement ou leur disgrâce au bout de chaque élection, dépasse souvent la mesure. Il est rare que le candidat de l'opposition ne s'entende pas dénoncer comme ennemi des lois et de la dynastie. Ce reproche peut sembler outrageux à l'homme qui vient de jurer fidélité en posant sa candidature. Il suit de là que les députés de l'opposition se comportent trop souvent dans les conseils du pouvoir comme des ennemis entrés par la brèche. Les meilleurs y apportent un levain de rancune, un besoin de représailles, un parti-pris de dénigrement systématique. Le point d'honneur qui conduit les députés agréables à louer le pouvoir même lorsqu'il se trompe, entraîne les opposants à le blâmer lors même qu'il a raison.

Nous comptons de fort honnêtes gens dans l'opposition; ils ont émis parfois des idées justes et des conseils utiles. Mais la vérité lorsqu'ils la disent, est noyée dans ce flot d'exagération qui découle de l'esprit de parti; lorsqu'ils ouvrent un bon avis, ils le font en termes tels que la dignité du pouvoir ne permet guère qu'on les écoute.

Entre l'infatigable approbation de la majorité et

le dénigrement obstiné de l'opposition, le pouvoir suit sa propre voie; il ne semble pas que dans les quinze dernières années le Corps législatif, si honorable d'ailleurs et si considérable, lui ait été d'aucun conseil.

Le Sénat est un admirable instrument de conservation; il n'est et ne sera jamais rien de plus. Entièrement recruté par le choix de l'Empereur, il se compose en grande majorité d'hommes vieillis au service d'un ou de plusieurs gouvernements, ennemis déclarés des nouveautés de tout genre, plus soucieux de maintenir tout ce qui est le bien comme le mal, que de s'aventurer à la poursuite du mieux. Leur lit est fait dans un ordre de choses excellent à beaucoup d'égards et dont ils ne voient que les bons côtés. Enchaînés au pouvoir par la reconnaissance, affranchis des aspirations inquiètes qui sont l'honneur et le défaut de la jeunesse, ils n'ont d'autre désir que de rester longtemps ce qu'ils sont dans le monde tel qu'il est. On peut compter sur leur dévouement, il ne faut pas espérer qu'ils prennent l'initiative et la responsabilité d'un progrès.

C'est en vain qu'ils sont investis du droit de recevoir et de discuter les pétitions : le peuple ne croit pas qu'une idée un peu neuve puisse trouver grâce devant eux. Sur mille citoyens qui prendraient la parole s'ils savaient que l'Empereur les écoute, deux ou trois au plus s'adressent au Sénat.

La France n'a pas oublié le message impérial qui faisait appel à l'initiative de ce grand Corps qui attend toujours une réponse.

A défaut de ces dignitaires, y a-t-il lieu d'espérer que les divers agents du pouvoir se fassent, en haut lieu, les organes du peuple? Diront-ils à l'Empereur ce que la France attend de lui? Non : le fonctionnaire est prudent jusqu'à la timidité; il craint de passer pour frondeur et d'encourir quelque disgrâce; il s'imagine que la vérité est utile à l'homme qui l'entend, et nuisible à l'homme qui la dit. Si l'on jette au creuset tous les rapports officiels rédigés en quinze ans par les préfets, les magistrats, les capitaines de gendarmerie et autres interprètes jurés de l'opinion publique, on n'en extraira rien que la formule de Leibnitz : *Tout est pour le mieux dans le meilleur des mondes.* Et pourtant il est faux que tout soit pour le mieux. Il existe aujourd'hui dans toutes les classes de la société et surtout dans la bourgeoisie, des ferments d'autant plus dangereux que ceux qui sont payés pour les détruire trouvent plus simple de les cacher. Si l'on en croit l'école libérale, il suffirait de décréter la liberté illimitée de la presse pour établir une communication directe entre le prince et le peuple, étouffer tous les mécontentements dans leur germe et prévenir jusqu'aux moindres malentendus. Cette solution se fonde sur des données détestables. Elle suppose qu'un prince lira lui-même au jour le jour, tout ce qui se publie dans l'État; elle affirme que la vérité ne peut arriver jusqu'au trône si l'imprimeur ne la tire à plusieurs milliers d'exemplaires : ce qui n'est pas démontré.

Assurément la presse a du bon, et les princes qui savent l'interroger par eux-mêmes en tirent des lumières profitables.

Mais le gouvernement impérial ne semble pas disposé à modifier prochainement la condition des journaux, non plus que le système représentatif.

Il ne s'agit donc ici que de chercher, hors du régime parlementaire et de la liberté de la presse, un mode d'information directe et de communication régulière qui supplée à leurs avantages sans offrir le moindre danger.

## II

Tout citoyen d'un État monarchique, lorsqu'il est victime ou témoin d'un abus, pense immédiatement au souverain et s'écrie : Si le prince le savait!

Les esprits les plus actifs, qui composent l'élite ou la tête de la nation, lorsqu'ils rêvent un progrès et croient trouver la solution d'un problème social, se désolent de leur impuissance, ils souffrent de voir le mieux sans pouvoir l'exécuter, et par un mouvement instinctif, leur regard se dirige vers le haut personnage qui peut tout pour le bien. Quel supplice! tenir une vérité que l'on croit féconde et n'avoir pas le bras assez long pour l'introduire dans le domaine des faits! Ah! si le prince le savait!

Plus les pouvoirs du prince sont étendus, plus sa responsabilité grandit aux yeux du peuple; plus les rêveurs et les mécontents de tous les étages sont enclins à lui conter leurs projets et leurs peines et à se tourner contre lui s'il est ou paraît sourd à sa voix.

Depuis l'avénement de Louis XIV jusqu'à la convocation des États de 1789, le cri presque unanime de la France a été: Si le roi le savait! Mais le roi n'a rien su, et les réclamations sans écho, les doléances étouffées, les aspirations comprimées sont venues un beau jour s'entasser les unes sur les autres dans les cahiers, et faire une pyramide si haute, que l'honnête et bon Louis XVI recula épouvanté. Si la vieille monarchie avait communiqué directement avec le peuple, elle aurait fait le bien et réparé le mal au fur et à mesure des besoins publics, tenu ses comptes à jour et prévenu la révolution par un système d'améliorations graduelles.

Le gouvernement impérial, jeune exonéré du fardeau

des abus séculaires, n'est responsable que des actions et des omissions qui lui sont propres. Le total des mécontents qu'il a pu faire ne représente qu'une minorité, mais c'est toujours la minorité qui entraîne le peuple aux révoltes ; il est donc sage de la désarmer au jour le jour, par des satisfactions équitables toutes les fois qu'elle a raison, par des réfutations amiables lorsqu'elle a tort.

Si tous les citoyens étaient non-seulement autorisés mais invités à correspondre directement avec le chef de l'État, la majesté du trône se serait-elle offensée ? Non, pas plus que le jour où les Français de toute condition ont voté directement pour l'Empereur Napoléon III. Il n'y a plus de classe privilégiée qui s'interpose par droit de naissance entre le prince et ses sujets.

Un appel aux esprits que travaille l'amour du progrès trouverait des échos dans tous les coins de la France, il rendrait le courage à une multitude d'honnêtes gens qui désespèrent de l'avenir et redoutent l'ajournement indéfini du mieux ; il éveillerait des ambitions légitimes dans la jeunesse française qui languit ; les études politiques, abandonnées depuis dix ans comme une industrie sans débouchés, reprendraient faveur ; tous ceux qui croient tenir une idée féconde s'escrimeraient à la produire et à faire leur chemin derrière elle. A l'atonie morale que les observateurs ont signalée depuis dix ans, succéderait une agitation laborieuse, pacifique et sans danger ni désordre, car elle aurait l'Empereur pour centre et pour but.

Cette nouveauté solennellement proclamée imposerait silence au dénigrement et prouverait aux plus sceptiques que la perfectibilité de nos institutions n'est pas un vain mot. Le pouvoir retrouverait cette unanime popularité qui salua sa campagne d'Italie et ses décrets de novembre. Il est difficile de calculer même approximativement le volume et le poids des *cahiers journaliers* qui seraient adressés à l'Empereur par la nation française. Mais le moindre publiciste, pour peu qu'il soit connu et qu'on sache où lui écrire, reçoit bon an mal an, la matière de dix volumes in-8°; on peut conjecturer sans hyperbole que l'Empereur en recevrait plus de mille.

Évidemment un seul homme, quelle que soit l'activité de son esprit, ne suffira jamais à étudier ni même à parcourir cette effroyable correspondance où l'inutile et l'absurde domineront, selon l'usage. Le souverain, d'ailleurs, est l'homme le plus occupé de l'Empire, ayant pour tâche de procurer incessamment la sécurité publique et privée.

Mais l'impossibilité de tout lire, qui semble une objection décisive contre le système projeté, doit servir au contraire à le consolider et à l'étendre.

L'Empereur serait obligé de choisir un certain nombre de lecteurs ou conseillers libres qui se partageraient sa besogne. Douze hommes intelligents laborieux se réuniraient deux fois par mois autour du prince. Chacun d'eux serait chargé de dépouiller, de classer et de résumer une partie des travaux adressés à l'Empereur; il signalerait non-seulement les idées utiles, mais les auteurs dont le talent lui semblerait digne de remarque. A la suite de son résumé, ils pourraient se contrôler réciproquement et se réfuter à l'occasion. L'Empereur les réunirait deux fois par mois en conseil de perfectionnement et de progrès; il aurait sous la main des travailleurs disponibles, qu'il pourrait détacher à l'intérieur ou à l'étranger lorsqu'il éprouverait le besoin d'un renseignement extra-officiel sur quelque point délicat. On sait que Napoléon Ier employait habituellement un certain nombre d'hommes distingués, et entre autres l'écrivain Fiévée : ces modestes auxiliaires lui rendaient compte de l'esprit public; ils étaient comme des médecins consultants qui tâtaient le pouls de la France à l'insu des préfets et des ministres. Les mœurs de notre temps ne comportent plus le mystère, et la dignité des travailleurs s'en accommoderait mal : il importe que les lecteurs impériaux remplissent leur tâche au grand jour, si l'Empereur veut employer des gens d'honneur et de mérite.

Il faut aussi que la nation connaisse et juge les résultats de leur travail, et qu'une large publicité soit donnée, soit dans le *Moniteur*, soit dans un annuaire, aux douze mémoires qui s'écriront chaque année.

L'homme en place est porté fatalement à croire que tout est bien : c'est pourquoi le travail des commissions n'aboutit guère qu'à remplir les cartons des ministères. Il convient de recruter les lecteurs impériaux parmi ceux qui ne dépendent ni d'un chef hiérarchique, ni d'un traitement inscrit au budget.

Le comble de l'habileté serait de les prendre dans les rangs de l'opposition, et voici les divers avantages qui résulteraient d'un tel choix.

La nation qui voit, à tort ou à raison, dans tout homme d'opposition un champion du progrès, ne pourrait plus mettre en doute l'amour du bien dont l'Empereur est animé. La seule entrée de MM. tel et tel au palais des Tuileries désarmerait des milliers de mécontents et rassurerait les honnêtes gens qui craignent l'ajournement indéfini de certaines réformes. L'Empereur, en dix ans, verrait passer sous ses yeux cent vingt hommes distingués et indépendants, il ferait avec eux un échange d'idées ; à supposer qu'il en tirât un médiocre profit pour lui-même, il aurait au moins l'avantage de se montrer sous son vrai jour, avec toutes ses qualités personnelles, aux *leaders* de l'opinion.

Le contact éveillerait des sympathies ; au pis-aller il laisserait des sentiments d'estime chez le prince, de respect chez les lecteurs ; les rapports du pouvoir avec l'opposition prendraient un caractère amiable. Les hommes que l'Empereur appellerait autour de lui, ne réussiraient pas tous, on le comprend. Les uns seraient doués de la puissance organisatrice qui est le caractère propre des hommes d'État ; on les verrait à leurs conclusions pratiques. Les autres, mis au pied du mur, montreraient qu'ils sont des esprits stériles, nés pour évoluer brillamment autour des questions et incapables d'autre chose que de harceler le pouvoir. On chercherait à s'attacher les uns, on renverrait les autres à leur petite guerre, mais discrédités aux yeux du peuple, leurs preuves d'incapacité étant faites. Par ce moyen, l'opposition se décompose en deux éléments dont l'un est absorbé utilement, et l'autre neutralisé.

Le recrutement des hommes d'État devient de jour en jour plus difficile, nous finissons d'user un vieux fonds légué par le régime parlementaire. Les ministres de l'Empereur ont des enfants, mais ils ne semblent pas les destiner au rude labeur des affaires, comme firent Colbert et Louvois. La création des douze lecteurs impériaux chaque année serait comme une conscription levée sur l'intelligence. Le contingent des hommes capables et *possibles* s'augmenterait non-seulement des lecteurs les plus distingués, mais de tous les talents qui seraient signalés par le conseil de perfectionnement ou de progrès.

Pour qui connaît le personnel de l'opposition il est évident que nul ne refusera l'emploi de lecteur impérial, à moins d'engagement ou de marché conclu avec un prétendant.

Les hommes de bonne foi et de bonne volonté, à quelque doctrine qu'ils appartiennent, saisiront avec joie une si glorieuse occasion de porter leurs théories jusqu'au trône. Toutefois, pour protéger ces libres conseillers contre toute incrimination de parti, il conviendrait de décider que les lecteurs impériaux n'ont ni serment à prêter ni indemnité pécuniaire ou honorifique à prétendre. Ils sont requis pour un service public; s'ils s'en acquittent bien, l'estime de l'Empereur, l'applaudissement du peuple et le triomphe de leurs idées seront leur récompense.

En résumé :

Appel direct de l'Empereur à toutes les réclamations, doléances et propositions des citoyens français.

Dépouillement de *ces cahiers* quotidiens par douze lecteurs impériaux choisis dans l'opposition, nommés pour un an, dispensés du serment, et non rétribués.

Chacun d'eux résume ce qu'il a lu, et propose en son nom personnel tout ce qu'il croit utile et juste. Ils se réunissent en conseil de perfectionnement ou de progrès deux fois par mois sous la présidence de l'Empereur. L'ensemble de leurs travaux est publié tous les ans soit dans les colonnes du *Moniteur*, soit dans un annuaire.

Avantages de ce projet : prévenir les révolutions, désarmer ou rallier l'opposition, réveiller l'esprit public, permettre le recrutement des hommes d'État, faire connaître le Souverain aux meneurs de l'opinion, le renseigner au jour le jour sur les idées et les besoins de tous, rompre le cercle officiel qui l'étreint, lui dérobe la vue du peuple et ne lui laisse entendre que l'écho de sa propre voix.

## XXIII

**Lettre de M. Gallifet sur le Mexique.**

CONTRE-GUÉRILLA
DES
TERRES-CHAUDES.

11 décembre 1866.

Mon cher Piétri,

J'ai laissé passer trois courriers sans vous écrire, je courais par monts et par vaux à la recherche de bandes insaisissables dont j'ai pu néanmoins débarrasser le pays pour quelque temps.

J'ai été rappellé à Mexico pour aller dans les Terres-Chaudes prendre le commandement de la contre-guérilla, le colonel du Pin étant devenu trop vieux et ne pouvant plus commander sous un climat meurtrier, une troupe qui ne devrait jamais rester au repos, et dont le rôle va devenir d'autant plus important, qu'il est essentiel que les troupes encombrées de convois, de malades et d'impédiments de tous genres puissent circuler tranquillement quand elles s'achemineront sur la Vera-Cruz.

L'occupation des Terres-Chaudes par des troupes régulières aurait cette année d'autant plus d'inconvénients que le *vomito* n'a pas encore disparu et ne disparaîtra probablement pas complétement à cause du passage continuel des troupes (ma contre-guérilla a perdu huit hommes de cette maladie dans la dernière huitaine).

Malgré ces petits inconvénients, malgré les fatigues auxquelles nous allons nous vouer pour le coup de collier de la fin, j'ai été on ne peut plus flatté de me voir accablé de demandes que je n'ai malheureusement pu satisfaire.

Parmi les élus malheureux ou heureux selon ce que prouvera l'avenir, j'ai pris Clary, qui est on ne peut plus apte à commander en second, ayant été dans l'intérieur le chef des troupes de partisans, et Saint-Sauveur, le frère de celui qui est parti avec le général Castelneau.

J'ai sous mes ordres 6 ou 700 reîtres de 1$^{re}$ classe, sur lesquels j'ai droit de vie et de mort; j'ai beaucoup à faire et ne crains pas de dire que les lauriers ou prétendus lauriers de la contre-guérilla ne m'effrayent pas; j'essayerais de faire mieux et réussirais, si ma fichue blessure me laissait faire au milieu du *vomito*, des fièvres pernicieuses et autres agréments de *las tierras calientes*.

La situation devenant ici de plus en plus compliquée, le maréchal Bazaine ne marche pas droit; c'est un fait positif, nul ne l'ignore ici, il a des intérêts d'une maison qui n'a pas été encore payée par l'Empereur qui l'avait donnée, il ne peut la vendre et est peu disposé à laisser ici les cinq cent mille francs qu'elle représente. C'est par trop fort, il écrit blanc à l'Empereur du Mexique, et dit noir au général Castelneau, mais rien n'est perdu, et pour ma part je ne doute pas un instant du résultat.

Le général Castelneau le tient maintenant dans les jambes et le forcera à marcher droit, ce n'était pas une tâche facile entre un maréchal sans franchise, et un chef d'état-major sans honnêteté. Quelle popote que cette armée du Mexique ! La troupe au point de vue de l'ardeur n'a rien perdu, mais c'est une indiscipline dont on n'a pas d'idée ; les officiers hurlent continuellement et ceux qui ont de gros appointements se préoccupent peu des intérêts de la France, ils ne voient dans le retour qu'une diminution sensible d'appointements... C'est honteux !

Malgré tout, et soyez-en sûr, les ordres de l'Empereur seront exécutés et les honnêtes gens sont tous d'accord pour en attribuer le résultat à l'intervention énergique du général Castelneau.

Il est essentiel que l'embarquement commence de bonne heure, les morts ont été très-peu violentes cette année et le *vomito* reprendra avec d'autant moins de peine que les grandes agglomérations de troupes n'auront jamais cessé. Cette épidémie a fait ici des progrès étonnants, contrairement à ce qui s'était passé jusqu'alors, on lui a vu faire des victimes plus loin qu'Orizaba.

Figurez-vous que j'ai rencontré parmi les gens dont l'influence a contrecarré la mission du général, le *prince de Metternich*, le naïf Ruchon, qui a paru prendre un malin plaisir à faire croire à Maximilien que nous ne pourrions jamais quitter ce pays sans son consentement, et que notre concours lui resterait acquis malgré les désirs de notre Empereur, tant que son abdication ne nous aurait pas rendu notre liberté d'action. Du reste l'Empereur n'a pas manqué une occasion de s'exprimer sur le compte de l'Empereur Napoléon et de ses troupes, de la façon la plus grossière.

Je sais que j'aurai à faire l'extrême arrière-garde au moment de l'embarquement ; ma troupe n'étant pas française peut être compromise sans inconvénients ; les échecs qu'elle pourrait subir ne touchent pas le drapeau français, et si je suis revenu au Mexique un peu tard, j'aurai pu me rendre utile jusqu'au dernier moment (*qui sera assez drôle*).

Je serais parfaitement heureux si je ne craignais pas pour ma femme les suites de couches qui auront lieu en mon absence, et si mon beau-père n'avait pas compromis, en même temps que sa situation financière, l'avenir de mes enfants... mais j'espère que mes opérations actives me feront un peu oublier mes ennuis.

J'ai vu d'Espucelle à Puebla, il est au repos; vous avez dû savoir qu'il y a eu au commencement de novembre un petit combat dans lequel un bataillon de zouaves a dû tuer ou blesser à l'ennemi une trentaine d'hommes, le général Castelneau en a parlé à l'Empereur et m'a dit qu'il avait fait valoir cette petite affaire; Massa a été un peu souffrant, il est fort ennuyé de ne pas être capitaine.

Saint-Sauveur continue à être on ne peut plus utile au général Castelneau, pour lequel il est un aide de camp intelligent et sûr.

Ce pauvre général a été pris de la fièvre avant mon départ de Mexico, il devrait se soigner sérieusement, car il *est absolument* nécessaire ici, le général Douai me disait hier : *Sans Castelneau nous ne serions jamais partis.*

Adieu, mon cher Piétri, mettez-moi aux pieds de Leurs Majestés et du Prince Impérial, dans deux jours je serai en pleine possession de ma troupe et alors en avant sans repos jusqu'à la fin finale.

Tout à vous,
amitiés à tous.

GALLIFFET.

*P. S.* Voici du nouveau, le retour de l'Empereur à Mexico, qui avait jusqu'ici paru problématique, paraît se confirmer. Je viens de rencontrer des escortes de cavalerie autrichienne, et les fabricants d'enthousiasme préparent leurs arcs de triomphe; on prétend ici que ce revirement subit est dû aux conseils de Miramon et de Marquez, qui se sont longuement entretenus à Orizaba avec l'Empereur, le premier de ces deux généraux est déjà à Mexico.

Si cet état de choses pouvait durer six ou huit mois, rien de mieux, parce que l'empereur Maximilien tombant quelque temps après notre départ, toute la responsabilité serait pour lui.

Mais je ne lui crois pas assez de résolution pour soutenir un pareil rôle, et je crois bien plutôt que se sentant trop faible au dernier moment il se décidera à s'embarquer, et nous aura mis par cette conduite irrésolue hors d'état d'établir un gouvernement qui ait quelque chance de rétablir l'ordre dans le pays, il n'y avait qu'un moyen, un peu violent mais le seul bon je crois, provoquer un coup d'État et le faire mettre à la porte ; ou ce qui est encore bien plus simple, le faire enlever et embarquer, c'eût été bien facile avec la troupe que je commande, soyez sûr que l'ovation qui accompagnera le retour de l'Empereur à Mexico est factice et n'est provoquée que par les gens en place et peu soucieux des intérêts du pays ; c'est ce sentiment qu'ils appellent l'honneur de l'invasion américaine, le clergé est de tous les corps de l'État, celui qui a le plus à craindre de ce nouvel ordre de choses.

Néanmoins je crois que rien ne pourra arrêter l'embarquement si les bateaux demandés arrivent à temps.

# XXIV

**Les proscrits de Londres.**

---

SITUATION A LONDRES DES RÉPUBLICAINS, DES SOCIÉTÉS OUVRIÈRES, DES ORLÉANISTES.

Les éléments hostiles à l'Empire sont aujourd'hui de trois sortes à Londres :
Les Républicains ;
Les Sociétés politiques ouvrières ;
Les Orléanistes.
Au premier aspect, ces trois catégories ont l'air parfaitement distinctes, et leurs programmes paraissent très-différents, cependant, le but principal est semblable, et toutes se rencontrent sur le même terrain, toutes veulent naturellement le renversement de Louis-Napoléon.
Les Républicains, tout-puissants d'abord sous la Présidence et au commencement de l'Empire, ont vu peu à

peu leurs rangs s'éclaircir, et leurs forces s'amoindrir, par l'amnistie, par la mort de plusieurs notabilités du parti, par quelques défections et par plusieurs tentatives avortées.

L'amnistie a principalement porté un coup fâcheux à leur influence en leur enlevant le prestige et la distance, l'auréole du martyre, et le prétexte des souscriptions; levier puissant à l'aide duquel le banquier Goudchaux a pu, pendant dix ans, envoyer ici des sommes relativement considérables, qui quoique en partie gaspillées n'en ont pas moins servi à faire de la propagande, et à préparer les éléments de complots et d'attentats.

Les préséances et les rivalités entre les divers chefs, la différence d'origine et de date de proscription, ont amené des répulsions et des luttes incessantes.

Ainsi les hommes du 15 mai, *Blanqui* en tête, ne pardonnent pas à Ledru-Rollin et à Louis Blanc, membres du Gouvernement provisoire, la proscription dont ils ont été victimes, et quoique ce dernier ait souvent protesté, il n'en est pas moins resté parmi les réprouvés.

Les proscrits du 24 juin ne pardonnent pas également aux partisans de Cavaignac la terrible répression que le gouvernement d'alors a déployée contre eux.

En bonne logique tous les proscrits de ces deux catégories n'ont loyalement rien à reprocher à Louis-Napoléon ; ceux du 2 décembre pourraient seuls avoir le droit de maudire l'Empire et de conspirer contre lui, mais ce qui paraîtra plus tard incroyable, c'est la haine acharnée et la persistance, que les réfugiés italiens, sans motifs réels, mettent dans leurs criminelles tentatives, et si je ne les ai point classés les premiers dans une catégorie spéciale, c'est que nous les voyons presque toujours en communauté d'idée et d'association avec nos révolutionnaires français, et qu'il y a entre eux alliance et solidarité.

Dans l'attentat Orsini nous retrouvons Simon Bernard.

Dans presque tous les complots organisés par Mazzini,

ce sont Ledru-Rollin, Deroud, Igglesia et Besson qui en dirigent tous les détails.

Aujourd'hui encore, Mazzini, le colonel Wolff, Félix Pyat et Gagneux, se réunissent pour former une mise de fonds destinée à mettre *Pacaut* à même de transformer son fusil à écartement (dit éventail) en pistolet de poche, arme qui selon Félix Pyat doit faire le *bonheur de la France*.

Maintenant en dehors de ces tentatives, qui doivent avoir pour résultat un renversement brusque et immédiat, ces divers partis n'ont jamais cessé de poursuivre pacifiquement le but qu'ils veulent atteindre, et si pendant quelques années, il y a eu parfois un moment d'arrêt et de découragement, ils ont su depuis peu regagner le temps perdu en tirant parti d'une force comparable à la vapeur, *la Force ouvrière*; le germe de ce projet, et le commencement de sa mise en pratique, datent de la dernière exhibition de Londres, 1862.

La présence forcée d'un grand nombre d'ouvriers français et étrangers, permit l'ouverture de différents clubs, et donna les moyens de s'occuper avec succès de l'instruction politique des travailleurs; la base de l'Association internationale date de cette époque; cependant pendant quelques années les progrès furent lents et difficiles; mais aujourd'hui, grâce au mouvement industriel qui a eu lieu l'année dernière en Europe, grâce à cette fusion ouvrière que l'Exposition de Paris a fait éclore, l'association a pris à Londres (qui en est le centre), une très-grande extension, et en ce moment le chiffre des souscriptions payant *six pence* par semaine dépasse 500 *mille*, en y comprenant, bien entendu, les cotisations étrangères, et celles des grands centres manufacturiers.

C'est à l'aide de ces grandes ressources que la grève de Genève a pu se soutenir aussi longtemps.

Le cercle dans lequel je suis obligé de me renfermer, ne me permet pas d'entrer ici dans tous les détails de cette association européenne.

Ce qu'il importe de faire ressortir, c'est le parti politique que les instigateurs ont su tirer d'une société ostensiblement et légalement organisée pour secours mutuels, et qui dans un avenir prochain est destinée, je crois, à opérer une grande et dangereuse transformation.

Dans chaque branche, il y a une section politique qui se compose d'un quart environ du chiffre total.

Les candidats présentés par deux parrains sont soumis à diverses épreuves et l'admission n'a lieu qu'à l'unanimité.

Il faut dire que presque tous les récipiendaires sont déjà membres ou des Indépendants, ou des *Francs-Juges*, ou *des Philadelphes*, ou de la France Libre, ou de la Marianne, ce qui milite en leur faveur. Le résumé du serment qu'ils prêtent, est, qu'ils s'engagent à aider et à soutenir toute insurrection ayant pour but le renversement d'une monarchie quelconque.

Les hommes qui ont ici le plus contribué à cette organisation ouvrière sont *Crespelle, Le Lubey, Dupont, Mennel, Besson, Chatelain*, Nidda-Genthe et Englaender, et ce même comité vient encore, comme corollaire et comme supplément d'influence, de joindre dernièrement à la société ouvrière une société coopérative qui permet à tous les prolétaires d'obtenir les objets de première nécessité à des prix de *revient*.

Si je n'ai pas encore parlé du parti orléaniste, ce n'est pas que ses intrigues et ses moyens d'action soient à dédaigner, bien loin de là!

Les divers membres de cette famille profitant d'anciennes liaisons et de quelques souvenirs d'amitié et de camaraderie, ont constamment entretenu des relations en France, et grâce à la fortune du duc d'Aumale, les émissaires n'ont jamais manqué; leur tactique à Londres a été d'attirer à eux, sous différents prétextes, toute la colonie française.

Pour arriver à la Présidence de la Société de Bienfaisance, ils ont compris qu'il devaient d'abord absorber celle qui fonctionnait depuis 20 ans, sous le patronage de l'ambassadeur; une fois ce résultat obtenu, grâce à l'indolence de ce haut personnage, ils ont rêvé comme complément d'abord, une église, puis un hôpital français, enfin une école gratuite. L'argent, nerf de la lutte, n'a jamais fait défaut; fêtes, bals, loteries, concerts, tout a été mis en œuvre pour faire triompher cette politique, et contrairement aux habitudes par trop dignes et réservées d'Albert Gate, ils n'ont jamais hésité à payer de leurs personnes, et à honorer de leur présence les réunions philanthropiques, et à ouvrir même au besoin leur parc et leur résidence au public.

Aussi sont-ils largement récompensés de cette conduite empreinte de bon sens et de logique, par la reconnaissance et le respect qu'on leur témoigne, et par l'influence qu'ils exercent, et c'est grâce à cette influence, que le clergé romain à Londres affecte trop souvent d'ignorer qu'il y a à Paris un Bonaparte qui règne sur la France; pour lui, le *Te Deum* n'est l'apanage que d'une seule famille, celle *d'Orléans*.

Cette politique envahissante et ce besoin de popularité se font sentir partout où apparaît le nom français; ainsi l'an dernier, et hier encore les artistes de Paris, représentés par *Raphaël Felix* et par *Ravel*, ne pouvant obtenir ni aide ni patronage de notre ambassadeur, ont accepté avec gratitude le concours du duc d'Aumale, concours qui se traduit par des représentations données à Twickenham, par des locations de loges, non-seulement pour la famille mais encore pour leurs amis et leurs relations; et c'est aux abords du théâtre Saint-James, situé presque en face de la maison occupée autrefois par le prince Louis-Napoléon, que la famille d'Orléans reçoit tous les soirs une petite ovation.

Tous ces succès ont été grandement facilités par la fusion, qui depuis six ans est en voie d'enfantement.

Les partisans et les conseils de la famille avaient compris depuis longtemps, qu'il leur manquait la force matérielle et celle du nombre, aussi l'idée d'une alliance avec la démocratie fut-elle arrêtée en principe ; dire de quel côté sont venues les premières avances, serait assez difficile ; je pense cependant que *Schœlcher* à Twickenham où il habite, que *Chatelain* et *Provot* à Londres, ont semé les premiers germes de cette fusion. Une fois le pas franchi, une fois la première poignée de main donnée, le temps et les besoins réciproques, et je ne crois pas me tromper en disant que presque toutes les notabilités démocratiques françaises à Londres se sont trouvées plus ou moins souvent en rapport avec les princes d'Orléans.

Cependant il faut bien se garder de tirer de ces faits la conclusion que le parti révolutionnaire avancé ait abdiqué en faveur de cette famille ; certainement non ; en Suisse, en Belgique, en France surtout, cette fusion est repoussée par une immense majorité, et nous avons pu constater même à Londres, le 24 février dernier, que plus de 300 réfugiés célébraient avec enthousiasme la chute de Louis-Philippe, aussi le comité orléaniste, spécialement chargé des intérêts de cette alliance, n'est en réalité composé que de négociants sans antécédents politiques, et plus désireux de voir triompher une monarchie qu'une république, et si plusieurs sont membres de diverses sociétés, ce n'est chez eux qu'un calcul et un moyen de rapprochement, et à titre d'intermédiaire. Ce sont des hommes vaniteux et intéressés, qui sans conviction servent cette famille par deux motifs :

Avoir librement leurs entrées à Twickenham, y être l'objet de prévenances, d'égards et de bienveillance, obtenir le patronage et la clientèle d'une famille riche, nombreuse et bien *relationnée*, voilà quel a été le véritable stimulant de presque tous ces messieurs.

En lisant les noms suivants, on pourra se former une opinion à cet égard :

COMITÉ ORLÉANISTE.

Rimmel, parfumeur de la famille,

Grillon, propriétaire de Clarendon Hôtel,
Givry, fournisseur de chaussures pour dames,
Grossetête, fournisseur de literies,
Berlureau, fournisseur d'ustensiles de ménage,
Lemahaut, pharmacien,
Silvy, photographe,
Gagnière, marchand de draps,
Lazare, banquier,
Leroy, horloger,
Chauffournier, marchand de comestibles,
Duclos, confiseur,
Collin, négociant,
Guenaud de Mussy, médecin,
Bourguignon, médecin,
Fetcher, artiste dramatique.

J'en passe plusieurs autres qui sont membres *in partibus*.

Pour clore les appréciations relatives à cette famille, nous devrions noter ici les diverses tentatives qu'elle a faites et qu'elle fait encore auprès de l'armée ; mais les investigations et les affirmations à ce sujet sont difficiles à établir, et elles échappent à notre contrôle habituel.

Le duc d'Aumale, qui a cependant une grande confiance en *Langel*, son secrétaire, correspond personnellement et directement avec plusieurs officiers supérieurs ; ses lettres toujours adressées à une tierce personne sont très-souvent portées à Boulogne, par les capitaines *Maurin* et *Darboy* et remises à un émissaire venu exprès de Paris ; ces deux officiers habitent presque toute l'année à Twickenham.

En dehors de ces deux messieurs, plusieurs membres du Comité sont en outre chargés à tour de rôle du transport de lettres et documents.

Je ne crois pas, comme je l'ai écrit plusieurs fois, que les Princes s'abusent au sujet de l'armée, et si les républicains ont la conviction qu'elle leur est très-hostile, les orléanistes savent également que les souvenirs du premier empire et le nom de Bonaparte l'emporteront toujours sur les titres d'un petit-fils de Louis-Philippe : l'un représente pour eux guerre, gloire, avancement; l'autre *statu quo*, humiliation, et paix à tout prix.

Pour eux la bourgeoisie est leur principal appui, c'est sur l'égoïsme et l'ingratitude de cette caste qu'ils comptent le plus.

La conclusion de cet exposé est que les membres de ces trois catégories applaudiront tous à un succès, mais il est juste de dire que par divers motifs, très-peu consentiraient à aider à la perpétration d'un crime, ils désirent bien le résultat, mais ils ne veulent ni savoir, ni connaître les moyens.

Les orléanistes savent surtout que leur participation directe rendrait presque impossible leur avénement au trône ; aussi les Princes paraissent-ils résignés à attendre patiemment la mort naturelle de l'Empereur, certains, disent-ils, qu'alors toutes les chances sont pour eux.

Nous devons dire aussi que depuis dix ans, les temps sont bien changés.

Ces projets de complots qui poussaient comme des champignons, et cette fièvre de machines et d'engins se sont calmés peu à peu, et aujourd'hui le nombre des hommes capables *d'exécution* est fort limité.

Il serait cependant très-imprudent de s'endormir et de supprimer ou même de diminuer outre mesure les moyens d'investigation, et l'expérience que j'ai pu acquérir pendant 19 ans, dans ce genre d'affaires, m'autorise à dire qu'il y a aujourd'hui à Londres insuffisance de surveillance régulière et surtout insuffisance pour les cas exceptionnels, et qu'en admettant même (ce qui est le grand argument) qu'on n'obtienne un résultat négatif, les renseignements recueillis constatent au moins, ou l'avortement d'un projet, ou l'absence de tout danger.

A ce sujet permettez-moi de relater ici un exemple de fraîche date :

Il y a six semaines Riccotti Garibaldi arrive à Londres, le gouvernement italien, averti par diverses confidences, se préoccupe de cette visite et des intrigues que ce jeune homme peut ourdir au nom de son père, il était question d'achat et d'expédition d'armes et de munitions. Le chargé d'affaires à Londres reçoit l'ordre de se tenir au courant. Ce dernier nous prie de lui prêter un de nos meilleurs agents anglais ; le lendemain cet homme s'établit à Putney près de la maison du major *Chambers*, où loge Riccotti ; tous les jours, il le suit pas à pas, soit en chemin de fer, soit à pied, soit en voiture, et le soir il le *couche* ou à Putney ou à Baths hôtel (Piccadilly), si l'heure avancée ne lui permet plus de prendre le chemin de fer.

Trois semaines après Riccotti part pour la province, toujours accompagné de son surveillant, il visite successivement Édimbourg, Aberdeen, Glasgow et autres villes, et aujourd'hui il se trouve dans les montagnes d'Écosse, chez un des amis de son père.

Depuis un mois et demi, on a donc tous les matins à la légation italienne un résumé des faits et gestes, et des visites de Riccotti.

Le résultat de cette surveillance ne sera sans doute pas en rapport avec les frais qu'elle occasionne, car excepté trois ou quatre visites faites à Londres à *Négretti*, à *Wolff* et autres notabilités, excepté une souscription ouverte à Glasgow, au profit du général, il a été impossible de rien constater d'important dans la conduite de ce jeune homme, mais le chargé d'affaires qui ne pouvait pas deviner ce qu'il sait aujourd'hui, est en mesure de répondre à son gouvernement, que malgré toutes les histoires et les inventions faites à propos de ce voyage, il n'y a rien de vrai, et surtout rien de dangereux dans ces pérégrinations.

Voilà ce que l'on peut appeler une surveillance réelle

et régulière, dont on ne doit certainement pas abuser, mais qu'il faut pouvoir employer dans certains cas.

Je terminerai ces notes en témoignant respectueusement le désir, que notre ambassadeur veuille bien se montrer plus *libéral*, plus *populaire* et plus *abordable*; et qu'à son défaut le consul général, moins haut placé et vivant dans le centre du commerce, puisse être à même de servir d'intermédiaire, et de grouper autour de lui les principaux membres du clergé et de la colonie, et se mettre à la tête de toutes les sociétés charitables et philanthropiques.

Votre très-respectueux

N.

FIN.

# TABLE DES MATIÈRES

|  | Pages. |
|---|---|
| EXPLICATION . . . . . . . . . . . . . | 5 |
| I. — Développement des visées ambitieuses de Louis-Napoléon après son échauffourée de Strasbourg . . . . . . . . . . . . . | 7 |
| II. — Lettre du comte Léon au roi Joseph . . . . | 19 |
| III. — Lettre du roi de Hollande à propos de Pierre Bonaparte, compromis à Rome, et de Louis-Napoléon, fils du roi Louis . . . . . . . . | 23 |
| IV. — Lettre du roi Louis de Hollande à sa fille et lettre à son fils (futur empereur) . . . . . | 25 |
| V. — Texte primitif de la proclamation de Saint-Arnaud, au 2 décembre . . . . . . . . | 33 |
| VI. — Suites du 2 décembre. — Les transportations politiques . . . . . . . . . . . . . | 35 |
| VII. — Liste des publications anti-bonapartistes faites hors de France (dressée par l'ordre de Bonaparte) . . . . . . . . . . . . . . | 49 |
| VIII. — Rapport de police sur la presse. . . . . . | 73 |
| IX. — Le chien de l'Empereur et ses cigarettes . . . | 83 |
| X. — Portefeuille de l'Impératrice (en cuir jaune) . . | 85 |
| XI. — Élections de Paris 1869 (Rapport du préfet de police) . . . . . . . . . . . . . . | 87 |

|   |   | Pages. |
|---|---|---|
| XII. | — Lettres de littérateurs. . . . . . . . . . | 93 |
| XIII. | — Lettre trouvée parmi des papiers relatifs à la politique intérieure et extérieure et précieusement conservée . . . . . . . . . . . | 113 |
| XIV. | — Lettre de Cuvillier-Fleury . . . . . . . . | 115 |
| XV. | — Lettres complètes de l'Impératrice (voyage en Égypte). . . . . . . . . . . . . . | 117 |
| XVI. | — Chansons trouvées dans les papiers . . . . . | 135 |
| XVII. | — Lettre à l'Empereur de M. de La Pierre, ami et correspondant du duc de Morny . . . . . | 145 |
| XVIII. | — Note trouvée dans les papiers des Tuileries et concluant à l'inutilité et au danger d'une guerre avec l'Allemagne . . . . . . . | 159 |
| XIX. | — Mémoire d'un Allemand sur l'Allemagne . . . | 163 |
| XX | — Dépêches relatives à la guerre d'Italie (1866) . . | 191 |
| XXI. | — Lettre de Mazzini (Joseph) à Victor-Emmanuel . | 199 |
| XXII | — Travail de M. Edmond About . . . . . . | 215 |
| XXIII. | — Lettre de M. Gallifet sur le Mexique . . . | 227 |
| XXIV. | — Les proscrits de Londres . . . . . . . . | 233 |

www.ingramcontent.com/pod-product-compliance
Lightning Source LLC
Chambersburg PA
CBHW070646170426
43200CB00010B/2135